불안을 관리하면 인생이 관리된다

불안을 관리하면 인생이 관리된다

기분에 지지 않고 삶의 통제력을 되찾는 몸 중심 심리연습

불안을 이기는 뇌는
몸에서 만들어진다

미셸 블룸 지음

동현민 옮김

더퀘스트

불안을 관리하면 인생이 관리된다

초판 발행 · 2023년 11월 8일

지은이 · 미셸 블룸
옮긴이 · 동현민
발행인 · 이종원
발행처 · (주)도서출판 길벗
브랜드 · 더퀘스트
출판사 등록일 · 1990년 12월 24일
주소 · 서울시 마포구 월드컵로 10길 56(서교동)
대표전화 · 02)332-0931 | **팩스** · 02)323-0586
홈페이지 www.gilbut.co.kr | **이메일** · gilbut@gilbut.co.kr
대량구매 및 납품 문의 · 02)330-9708

기획 · 안아람 | **책임편집** · 이민주(ellie09@gilbut.co.kr), 박윤조 | **제작** · 이준호, 손일순, 이진혁, 김우식
마케팅 · 한준희, 김선영, 이지현 | **영업관리** · 김명자, 심선숙 | **독자지원** · 윤정아, 전희수

교정교열 및 전산편집 · 이은경 | **표지디자인** · 어나더페이퍼 | **CTP 출력, 인쇄** · 금강인쇄 | **제본** · 신정제본

ISBN 979-11-407-0675-4 03180
(길벗 도서번호 040185)

정가 17,000원

독자의 1초까지 아껴주는 길벗출판사

(주)도서출판 길벗 | IT교육서, IT단행본, 경제경영서, 어학&실용서, 인문교양서, 자녀교육서 **www.gilbut.co.kr**
길벗스쿨 | 국어학습, 수학학습, 어린이교양, 주니어 어학학습, 학습단행본 **www.gilbutschool.co.kr**

페이스북 **www.facebook.com/thequestzigy**
네이버 포스트 **post.naver.com/thequestbook**

소매틱 심리치료사로서 상담을 하다 보면 종종 불안이 내담자의 삶에 끼치는 영향력을 덜어내기 위한 과정에 집중하게 된다. 미셸 블룸의 통찰력이 가득 담긴 이 책은 내가 상담실에서 하던 치료와 내담자가 혼자서도 계속 연습해볼 수 있는 치료 사이의 공백을 채워준다. 각각의 목표를 지닌 훈련법들을 통해 블룸 박사는 불안을 뛰어넘어 자신의 잠재력과 생명력을 최대한으로 발휘하고자 하는 사람들을 위한 로드맵을 제시하고 있다.

켈리 모스너(Kelly Mothner) | 심리학 박사이자 국제공인 소매틱 경험 치료사(SEP)

미셸 블룸은 몸에 나타나는 불안의 징후와 불안 경험에 대해 깊은 통찰력을 지니고 있다. 소매틱의 모든 것을 아우르는 그녀의 SOAR 연습은 관련 사례, 명확하고 따라 하기 쉬운 훈련법, 전문 치료자와 일반인 모두가 참고할 수 있는 자료들을 사용함으로써 치유를 향한 지름길을 안내한다. 나는 트라우마 심리치료사로 일하면서 SOAR 기법을 활용한 뒤 즉각적인 결과를 확인할 수 있었다. 미셸 블룸은 넘치는 연민, 지혜, 지식, 겸손을 두루 갖춘 다정한 안내자다.

제나 아벨(Jenna Abell) | 심리치료학 박사이자 심리학자

이 책에서 미셸 블룸은 '몸의 소리 듣기'를 적용한 풍부한 임상 경험에 뇌, 신경계, 트라우마 치료에 관한 최신 연구를 접목해 치료자와 내담자 모두에게 불안 치유를 위한 실질적 도구와 활용법을 제공하고 있다. 개인 상담에 소매틱 훈련법을 적용하기 시작하여 점차 비중을 늘리고 있는 심리치료사라면 반드시 이 책을 읽어야 한다. 저자는 불필요한 전문용어를 쏙 빼고, 과도한 불안을 뿌리 뽑기 위해 정말로 필요한 핵심 비법들을 소개한다.

로버트 코프먼(Robert Coffman) | 현장 경력 45년 이상의 베테랑 심리학 박사이자 임상심리학자

아주 유용한 안내서다. 미셸 블룸은 불안의 근원을 이해해야 그 영향력을 좀 더 수월하게 해소할 수 있다는 사실을 잘 보여준다. 블룸은 높은 식견으로 불안이 언제 어떻게 우리를 사로잡는지 알기 쉽게 가르쳐주며, 각자의 독특한 경험에서 비롯한 괴로움을 해소할 수 있는 체계적 해법을 제시한다. 또한 이 불안은 대개 어린 시절부터 시작된 오래된 믿음과 연결되어 있다는 사실을 짚어준다. 그리고 현재 이 상황을 어떻게 헤쳐나가야 하는지 상세하게 알려준다. 나는 불안으로 괴로워하는 모든 사람에게, 괴로움에 몸부림치는 사람들을 돕고자 하는 모든 이에게 이 책을 추천한다.

레베카 라다인(Rebekkah LaDyne) | 소매틱 경험 치료사.
《몸과 마음에 쌓인 스트레스 리셋법(The Mind-Body Stress Reset)》 저자

머리말
불안으로부터의 완전한 자유

생각하는 마음thinking minds, 그 바깥에도 불안은 존재한다. 공포
는 울렁거림, 긴장한 가슴, 축축하게 젖은 손바닥, 꽉 다문 턱으로
느껴지곤 한다. 하지만 정말 많은 치료적 접근법이 오직 인지적
개입에만 집중하고 있다. 인지적 개입을 통해 공황발작을 가라앉
히는 방법을 배울 수는 있을 것이다. 하지만 그 아래에서 불안에
먹이를 주고 있는 과거의 경험을 밝히지 못하면 공포와 공황은
시시때때로 모습을 드러낸다. 그 결과 종종 끝나지 않는 술래잡
기를 하는 듯한 기분을 느낀다. 끊임없이 쫓기면서 잠깐은 자유
를 찾아 탈출하기도 하지만 결국 같은 과정을 몇 번이고 반복하
는 것이다. 미셸 블룸 박사는 우리가 무엇 때문에 공포 중심 반응
에서 벗어난 생각을 하지 못하는지 짚는다. 더불어 소매틱 훈련
을 기반으로 한 블룸의 접근법은 실질적이고 안정적으로 불안을

해소할 수 있는 귀중한 몸 중심 경험을 익히는 데 도움을 준다.

암묵기억은 공포 또는 불안이라는 감각 기반 경험에서 중요한 역할을 한다. 암묵기억은 어린 시절까지 포함한 과거의 감각기억과 동작의 순서에 관한 기억을 보관하는 뇌의 하단 중추와 연관된다. 자전거 타는 법을 배울 때와 마찬가지로 이 암묵기억은 한번 생기면 일부러 끄집어내지 않아도 저절로 사용된다. 암묵기억에는 안겼을 때의 느낌, 누군가에게 손을 뻗어 닿았을 때의 느낌, 어릴 적 나의 감정을 누군가 이해해준 적이 있는지에 대한 의미 있는 경험이 포함된다. 이러한 암묵기억은 우리 마음의 바탕이 되어 자기감의 초석을 쌓고 주변 세상에 대한 지각 perception(감각을 통해 경험한 사건에 가치를 부여하거나 판단하는 인식 과정-옮긴이)을 형성한다. 무엇보다 가장 중요한 점은, 우리가 몸에 새겨진 기억에 접근하는 방법을 배우지 않는 이상 이 기억 체계는 바뀌지 않는다는 사실이다.

대다수의 사람이 몸의 자연스러운 능력, 다시 말해 주변 상황을 감각하거나 그에 반응하여 움직이는 능력을 억누르는 법을 익힌다. 이는 부모의 미묘한 외면부터 트라우마를 일으키는 사건까지, 의식하기 힘든 거절 경험이 누적되었기 때문일 수 있다. 아니면 차분함을 지나치게 강조하는 환경에서 착하고 말 잘 듣는 학생이 되기 위해 본인의 감각을 무시해버리는 방법을 익혔는지도 모른다. 계속해서 감각에 귀 기울이지 않으면 시간이 지날수록

나 자신과 감정 사이의 연결마저 차단된다. 스스로와 '단절된' 것 같은 느낌과 무감각이 찾아오고, 상처·분노·슬픔·공포를 갈수록 느끼기 어려워진다. 게다가 이런 과정에서 즐거움이나 흥미 같은 기분 좋은 정서마저도 차단된다. 인생의 힘든 사건들을 견디고 살아남기 위해서 생각하는 마음을 외면했겠지만, 결국 이런 대응기제는 역효과를 불러일으킨다. 다시 말해 우리는 인생에서 더 많은 것을 갈망한다.

처음에는 감각 및 정서와 나 사이의 관계를 회복시키려는 시도가 위협적으로 느껴질 수 있다. 마치 높은 나무 위에 매달려 옴짝달싹 못 하는 고양이같이 어떻게 다시 본래 있던 곳으로 내려올지 모르는 것이다. 우리는 주의를 내면과 몸의 오감 경험으로 돌리기를 두려워한다. 블룸 박사는 독자들이 감각, 호흡, 동작을 알아차림으로써 몸 중심 경험과 첫인사를 나눌 수 있도록 이끈다. 또한 이 과정을 버겁게 느끼는 독자들을 위해 각자의 속도에 맞춰 마음을 다해 차근차근 감각을 느끼는 방법을 알려준다.

우리가 두려워하는 일들 대부분은 과거에 벌어졌던 어떤 사건과 연결되어 있다. 감각은 현재 일어나고 있는 일들에 대한 정보를 지각에 전달한다. 그리고 이러한 감각들은 미래에 특정 사건이 벌어질 것이라는 확신으로 발전한다. 치유의 길을 걷기 위해서는 지금 이곳에서의 삶을 온전하게 살아가기 시작할 때 열리는 가능성과 과거 기억 사이의 차이점을 깨달아야 한다. 블룸 박사의 소매틱 치료법을 읽으면서 특히 마음에 든 점은 바로 소매틱 훈련의 구성이었다. 한마디로 블룸 박사는 안전지대를 만들어 냈다. 이 책을 읽으면 치유의 길을 몸소 체험해보았음이 분명한 든든한 안내자가 우리 손을 단단히 붙잡고 있다는 느낌이 든다. 우리는 나 자신과 내 몸에 새겨진 경험들을 탐험할 수 있는 초대장을 받았다. 그리고 마침내 불안으로부터 완전히 벗어나 자유를 찾을 기회가 열릴 것이다.

아리엘 슈워츠Arielle Schwartz

차례

1장

내 마음이 늘 불안하고
초조한 진짜 이유

몸은 살아 있다. 우리 몸은 생동하는 유기체로서 느끼고, 생각하고, 행동하기를 동시에 할 수 있도록 만들어졌다. 이 상호작용 덕분에 우리는 살아가는 동안 고유한 경험을 하고, 이를 통해서 주체적 자아를 형성한다. 기쁨, 창의력, 행복, 희망, 용기, 결의, 회복탄력성, 품위의 원천인 우리 몸은 주체적 자아를 거침없이 표현한다. 반면 불안은 나답고 자유롭게 살고자 하는 충동을 방해하는 올가미다. 정서적·신체적·정신적 유연성을 옭아맬 뿐만 아니라, 자아를 확장하고 더 멀리 나아가 연대하고 창조하고자 하는 타고난 본성을 억누른다. 두려움과 걱정을 짊어지고서는 내면에 잠들어 있는 풍부한 가능성에 닿을 수 없다. 호기심과 상상력이 가득한 눈으로 삶을 비추는 내면의 불꽃이 사그라든다. 결국 끊임없이 변화하는 현재를 인정하고 받아들이거나 앞으로 어떤 일이 벌어지더라도 기꺼이 환영하기가 어려워진다.

뭔가 나쁜 일이 벌어질지 모른다는 걱정에 만성적으로 시달리는 고통스러운 삶은 신체적·정서적 건강의 많은 부분을 앗아간다. 불안은 일상에서 느끼는 안락함이나 즐거움 같은 보편적 감각을 억누른다. 주체적 자아 표현은 지금 이 순간에 끊임없이 솟아난다. 하지만 불안은 우리를 현재에서 내쫓아 미래로 몰아넣어 최악의 상황을 모면하려고 발버둥 치는 삶을 살게 만든다. 건강·가족관계·일·금전 문제 중 무엇과 관련되었든, 불안은 뭔가 일이 틀어질 것 같다는 생각이 들고 문제 상황을 제대로 막아내거나 해결할 수 없다고 확신하게 만든다. 게다가 불안이 몸에 영향을 끼쳐 무기력해지고, 삶의 의미나 목적을 가지고 일상을 꾸려나가려는 의지가 약해진다. 근육 긴장, 두통, 복통, 수면장애, 섭식장애, 호흡곤란, 집중력 저하, 기분 저하 등의 증상은 모두 에너지를 고갈시킨다. 결국 인생은 해치울 일의 목록, 할 일의 목록으로 변하고 만다.

불안의 영향력은 곳곳으로 퍼져나간다. 불안은 아침마다 잠에서 깨우는 알람시계가 되기도 하고, 반대로 밤마다 머릿속을 떠다니며 잠들지 못하게 하는 상념이 되기도 한다. 세상을 새로운 시각으로 보며 자유로이 날갯짓하고자 하는 욕구를 억눌러 다양한 경험에 도전할 기회의 폭을 제한한다. 최악의 상황을 모면하는 데 온 신경을 쏟다 보면 상상하는 삶을 실현하기 위해서 위험을 감수하는 일이 엄청난 공포가 된다. 원하는 것을 이루려고 할 때도, 꿈을 좇아 나아갈 때도, 심지어 사랑을 시작할 때마저도 한발 물러서게 된다. 인간관계 또한 불안의 영향을 받는다. 상대의 말을 경청하거나 타인의 요구를 조율하는 일이 힘들어지고,

정서적 안정감과 친밀감을 경험하는 것 또한 어려워진다. 불안은 항상 돌발상황만 예의 주시하며 삶에서 모험심과 즐거움을 빼앗고, '지금 이곳'에서 펼쳐지는 충만하고 독특한 경험에 주체적으로 반응하지 못하게 만든다. 또한 안타깝게도 불안은 직감적 판단력을 저해한다. 두려움과 의심으로 말미암아 인생의 길을 밝히기 위해서 우리 몸이 태어날 때부터 지니고 있던 지혜가 갈피를 잃는 것이다. 인생의 중대한 결정, 마음이 시키는 일, 건강과 웰빙 그 어떤 문제에서도 어느 쪽이 옳은지 확신하며 나아갈 수 없다.

재능, 활력, 회복과 관련된 의미 있는 느낌felt sense(특정 문제 및 상황에 관해 몸이 느끼는 포괄적이면서도 막연한 감각적 느낌-옮긴이)이 손상될 정도로 불안이 심해지면 문제가 커진다. 나는 심리치료사로 일하면서 정말 멋진 사람들과 함께할 영광스러운 기회들을 얻었다. 그들은 총명하고 재능이 넘치며, 강인하면서도 상냥했다. 다정하고 충직하며, 재치 있고 재주가 많았다. 이런 자질을 타고났으면서도 불안 때문에 자기 역량을 자각하지 못하고, 의미 있는 느낌을 제대로 누리지 못하는 사람들을 볼 때면 매번 놀랄 수밖에 없었다. 노력한다고 뭐가 바뀔까 고민하는 그들에게서 나는 불안이 의심을 낳는 과정을 목격한다. 불안은 온몸으로 환희하며 삶을 대하는 능력을 약화시키고, 역경을 헤치고 일어나는 힘을 가로막는다. 어떤 내담자는 이런 상태를 다음과 같이 정의했다. "불안이 모든 일을 힘겹게 만든다."

메리의 괴로움 또한 크게 다르지 않았다. 우리가 처음 상담을 시작할 당시, 불안은 그녀의 영혼을 좀먹고 있었다. 총명하고 교양 있는 이 여성은 한때 직장생활을 했다. 하지만 첫아이가 태어난 뒤, 엄마로서의 할 일과 직장인으로서의 업무가 서로 한 치의 양보도 없이 맞부딪치던 어느 시점에 직장을 그만두기로 결정했다. 현재 메리가 남편에게 경제적으로 의존하고 있다는 점을 고려할 때, 일을 그만두기로 한 결정은 주목할 만한 불안 요소였다. 경제적으로 자립한 현대 여성이라는 메리의 정체성이 현실과 충돌했고, 결국 타인에게 의존해야만 자신의 욕구를 충족시킬 수 있다는 불편한 감정을 불러일으켰다. 둘째 아이가 태어나면서부터는 아이들을 학교에 데려다주고, 숙제를 도와주고, 저녁을 차리고, 학예회나 학부모 모임에 참여하고, 생일파티까지 계획하느라 녹초가 되었고 불안이 최고조에 이르렀다. 이런 와중에도 결혼생활은 물론이고 친구들과 시댁 식구들에게까지 잘하려고 최선을 다하고 있었다. 메리는 불안을 일으키는 또 다른 요소, 바로 완벽주의 성향에 시달리고 있었던 것이다.

상담 초기에 우리는 불안을 유발하는 인지과정에 집중했다. 메리의 불안은 단순히 할 일이 많아서가 아니라 그것을 자기가 정해둔 방식으로 완수하지 못하면 말도 못하게 끔찍한 일이 벌어질지도 모른다는 믿음에서 비롯했다. 그래서 우리는 부정적인 생각 패턴을 찾아내고, 미래에 벌어질 일에 대한 예감·정서 반응·

지각에 영향을 끼치는 부적절한 믿음체계를 변화시키는 것을 목표로 삼았다. 예를 들어 메리는 현재 벌어지고 있는 상황을 실제보다 심각하게 느끼곤 했다. 또한 앞으로도 골칫거리와 복잡한 일이 잔뜩 생겨서 감당할 수 없는 부담을 지고 말 것이라고 확신하며 최악의 상황을 상정하는 경향이 있었다. 아니나 다를까 이런 생각은 결국 실패라는 결과를 불러왔고, 메리는 이런 현실을 견딜 수 없었다. 더군다나 메리의 내면에는 우리가 '이래라저래라 괴물'이라고 이름 붙인 괴물도 있었다. 이 심술궂은 내면의 목소리는 메리에게 '이건 이렇게 해야지, 그럴 땐 그렇게 말했어야지, 이 경우엔 이런 식으로 행동해야지, 저런 옷은 입으면 안 돼' 따위의 수많은 불평불만을 쏟아냈다. 이것들은 모두 메리가 스스로를 통제하는 방식, 곧 어떻게 삶을 살아가며 생활해야 하는지에 대한 타협 불가능한 규칙들이었다. '이래라저래라 괴물'은 불안을 일으킬 뿐만 아니라 엄마로서, 아내로서, 친구로서 메리 자신의 능력과 가치를 의심하게 만들었다.

불안을 유발하고 지속시키는 인지과정의 정체를 밝히고 구체화하려고 노력한 끝에, 우리는 사고방식에서 변화가 필요한 중요한 지점을 파악했다. 하지만 여러 차례에 걸쳐 인지적 재구성을 시도했음에도 메리의 불안을 지속적으로 해소해주지는 못했다. 우리의 노력은 물거품이 되었다. 강박과 불안은 고무줄처럼 제자리로 돌아오곤 했다. 메리의 내면에서 무슨 일이 벌어지고 있는지, 이토록 끈질기게 불안이 사라지지 않는 이유가 무엇인지 제대로 이해하기 시작한 것은 소매틱 치료 훈련을 하면서부터였다.

몸을 놓치면 불안이 시작된다

'몸적', 곧 '소매틱somatic'이라는 단어는 **살아 있는 몸**을 의미하는 그리스어 소마soma에서 유래했다. 몸 중심 시각(몸적 시각)somatic lens을 사용하면 몸 자체와 복잡한 신경생물학적 시스템에 중점을 두고 불안을 이해하는 데 도움이 된다. 신경생물학적 시스템은 몸 안팎에서 쏟아지는 자극들을 조절한다. 몸적 시각은 우리 몸에 초점을 두지만 그렇다고 몸 하나만을 살피지는 않는다. 오히려 마음을 있는 그대로 바라보며 몸이 표현하고자 하는 바를 찾아낸다. 몸적 시각은 총체적이며, **몸과 마음을 모두 아우르는** 개인 전체로 이해와 관심을 확장한다. 몸과 마음은 활발히 협력하는 하나의 협동체이며 강한 결속력이 있다고 보는 것이다. 몸적 시각은 어떤 사건에 대해서 끊임없이 나타나는 몸감각, 인지과정, 정서 반응의 상호작용을 강조한다. 이 상호작용은 지금 이 순간에 대한 의미 있는 자기감felt sense of self을 불러일으킨다. **의미 있는 자기감이란 자기 자신, 주변 사람, 주어진 상황 등을 경험하면서 얻은 감각 알아차림**felt awareness**으로, 몸감각과 정서 반응에서 비롯한**

직감적 깨달음이 체화된 것이다. 의미 있는 자기감을 형성하는 신경생물학적 과정에서는 지금 이 순간 벌어지는 일들에서 색다르고 신선한 정보뿐만 아니라 몸 곳곳에 퍼져 실처럼 얽힌 신경회로에 저장된 과거 경험도 활용된다. 그 과거의 경험이 고삐를 풀고 모습을 드러내는 순간, 과거는 지금 이곳에 생생하게 살아 움직이며 우리의 생각·느낌·지각·행동을 형성한다. 그렇기에 지금 이 순간에 느껴지는 의미 있는 자기감을 이해하는 일은 과거에 느꼈던 의미 있는 자기감을 이해하는 것과 다름없다.

　우리 몸과 마음은 항상 과거를 기억하고 있다. 인간의 신경생물학적 시스템에는 지난날 겪었던 경험에 대한 **암묵기억**implicit memory(의식적으로 떠올리지는 못하지만 행동, 학습 등에 영향을 주는 기억-옮긴이)이 어마어마한 영역을 차지한다. 쉽게 말해 암묵기억은 몸에 새겨진다. 암묵기억은 현재 지각은 물론이고 앞으로 벌어질 사건이나 주변 환경을 해석할 때도 영향을 끼친다. 암묵기억을 되살리는 매개체는 특정한 의식의 흐름이나 아주 오래전에 일어났던 사건의 세부정보 따위가 아니다. 그보다는 당시 사건을 경험했던 순간에 느꼈던 감정이나 생각 등 무의식에 새겨진 특정 감각정보의 파편에 가깝다. 게다가 암묵기억은 과거의 지나간 일이 아닌, 지금 이곳에서 벌어지는 것처럼 경험된다. 이 기억은 아주 빠른 속도로 현재에 간섭한다. 정서적 부담이 컸던 기억일수록 과거와 현재를 구분하기 어려워진다. 암묵기억의 특성을 염두에 두고 불안을 살펴보면, 과거와 현재가 전달하는 다양한 정보의 흐름이 지금 이 순간 우리의 지각에 영향을 주고 있음을 알 수 있다. 그럼 다음과 같은 질문이 떠오른다. **내 몸과 마음은 어째서 나쁜 일이 생길지도 모른다고 믿고 있을까? 대체 무엇이 나를 두렵게 만드는 걸까?**

몸적 시각을 통해서 불안을 이해하면 **불안이란 '과거' 경험의 영향 아래 '현재' 느껴지는 공포감이며, '미래' 예측에 영향을 끼친다는 사실**을 알게 된다. 게다가 불안은 걱정하던 나쁜 일이 제대로 대처하거나 막아내지 못할 정도로 나의 능력을 넘어서거나 완전히 압도할 것이며, 결국 인생이 한 치 앞도 예상할 수 없는 방향으로 흘러갈지도 모른다는 두려움을 동반한다. 불안은 우리 마음을 극도로 예민하게 만들고 몸을 최악의 상황에 언제든 대처할 수 있는 상태로 유지시킨다. 몸적 시각을 통해 관점이 바뀌면 몸적 기억 또는 암묵기억에 새겨진 불안의 근원이 드러난다. 과거의 어느 시점에 몹시 무섭고 버거운 사건이나 환경에서 자신이 안전하고 상황을 통제할 수 있다는 신체적·정신적 감각을 잃을 정도로 제대로 대처하지 못한 경험이 있었을 것이다. 이런 경험은 무의식적으로 몸적 기억 체계에 저장되어 있다가 현재와 미래에 벌어지는 일들을 해석하기 위해 지금 이 순간에 되살아난다. 나쁜 일이 또 생기더라도 이번에는 반드시 살아남을 수 있도록 말이다. 그렇다면 다음과 같은 의문이 남는다. **내 몸은 과거에 대체 어떤 일을**

경험했기에 나쁜 일이 벌어지거나 일이 틀어질지도 모른다는 공포에 떨고 있는 것일까? 그 일을 내가 제대로 감당할 수 없으리라고 생각하는 이유는 무엇일까?

지금부터 이 질문의 답을 찾아 여행을 떠날 것이다. 이때 생리적·정서적 대처 능력을 압도했던 사건이라면 무엇이든 공포나 무력감을 유발하는 요소로 여겨야 한다. 불안의 원인이 반드시 정신적 트라우마를 일으킬 정도는 아닐 수 있으며, 실제로도 큰일이 아닌 경우가 상당히 많다. 바로 이 점 때문에 해답을 찾기가 더욱 어렵다. 또한 신체적·정서적 안정감과 평온함이라는 의미 있는 느낌을 위협했던 과거의 사건들은 대부분 유년기에 벌어진다. 이 시기의 아이들은 이제 막 논리력이 움트기 시작한 미성숙한 뇌를 통해 세상을 이해하고 대처한다. 실제로 어린아이들의 신경생물학적 발달 상태를 살펴보면 주로 감각적이고 정서적인 방법으로 주변 상황을 느끼고 경험하는 정도에 그친다. 사고력이 한참 부족한 것이다. 이 때문에 그렇게 나쁜 상황은 아니었더라도 당시의 어린아이가 감당하기에는 너무 버겁고 무서웠을 수 있다. 게다가 유년기에 가장 활발하게 작동하는 기억 체계는 대부분 암묵적이다. 다시 말해 오늘날 벌어지는 사건들을 해석할 때 활용되는 암묵기억 속 과거의 기록 중 대다수는 사실 유년기에서 비롯한 것이다.

어린 시절에 겪었던 일들을 돌이켜볼 때, 당시 상황을 어른의 시선에서 보는 경우가 많다. 그때의 사건이 끼친 영향을 살필 때도 어른의 논리력을 사용한다. 하지만 어릴 때는 어른의 마음이 없다. 지금은 별것 아니게 느껴지는 일도 어렸을 때는 버거웠을 수 있다. 앞으로 소매틱 훈련을 통해 무엇이 나를 두렵고 불안하게 만드는지 알아가는 동안 이 사실을 꼭 명심하라.

다시 메리의 이야기로 돌아가 어린 시절 새겨진 암묵기억이 얼마나 강력한지, 그 기억이 불안을 불러일으키는 능력은 어느 정도인지 생생하게 살펴보자. 앞서 보았듯이 메리는 모든 일에 최악의 상황을 가정하는 버릇이 있으며, 실패와 의존성에 대한 두려움 때문에 괴로워하고 있다. 메리는 주변에 도움을 청하려 하지 않았고 모든 일을 혼자 힘으로 하겠다고 고집했다. 게다가 모든 일을 완벽하게 처리해야 했다. 메리는 어쩌다가 이런 감정을 느끼게 되었을까? 그녀의 공포, 믿음, 행동 패턴은 대체 어디에서부터 시작된 것일까?

메리의 인생은 수없이 많은 핵심 경험이 쌓여 만들어졌다. 그중에서도 그녀의 어린 시절과 부모의 이혼이라는 사건에 주목해보자. 이혼은 비교적 큰 갈등 없이 진행되었으나 가정의 해체는 안전감과 평온함 같은 감각을 뒤흔들었다. 어린 소녀가 마음을 기대고 안락함을 찾던 공간은 산산이 부서지고 불확실해졌다. 게다가 메리가 대부분의 시간을 함께 보냈던 어머니는 이혼한 뒤 경제적 어려움을 겪었다. 어머니의 경제적 스트레스는 선명하게 전해졌다. 학교를 마치고 집에 돌아와 식탁에 앉아 계산기를 두드리는 어머니를 볼 때면 어머니의 걱정이 어린 메리에게까지 고스란히 스며들었다. 세금 고지서와 영수증을 뒤적거리며 내뱉는 묵직한 한숨 소리와 어머니의 움츠러든 모습을 지켜볼 수밖에 없는 상황에서 메리는 걱정이 크게 늘었다. 불확실한 미래도 두려웠지만 무엇보다 자신이 어머니에게 짐이 되는 것이 아닐까 무서웠다. 그래서 메리는 학교에 가져갈 도시락을 직접 만들고 자기 빨래도 알아서 척척 하는 자립심 강한 아이가 되었다. 어머니의 스트레스를 덜어주는 동시에 자신이 느끼는 무력감을 해소하기 위해서였다. 어린 메리는 어머니에게 조금이라도 도움이 되기를 바라며 '할 일 목록'에 이런저런 집안일들을 더해갔다.

메리의 어머니는 아주 상냥하고 다정한 사람으로, 다른 사람들 앞에서 금전적 문제에 대해 한탄하거나 메리가 스스로를 짐처럼 느끼게 할 만한 행동을 한 적이 전혀 없었다. 그럼에도 메리의 인생에서 경제적 결핍에 대한 두려움, 타인에게 의존하거나 짐이 되는 것에 대한 공포가 움튼 것은 바로 이 시기다. 부모의 이혼이라는 사건은 어린 메리가 감당할 수 없는 큰일이었다. 메리는 공포, 나약함, 무력감을 느꼈다. 그 어린 나이에 메리는 견디기 어려운 이 느낌에서 벗어나기 위해 두 번 다시 타인에게 의존하지 않겠다고 다짐했다. 혼자 힘으로 돈을 벌고, 필요한 것들은 알아서 해결하겠다고 말이다. 메리가 걱정하는 최악의 상황이 실제로 벌어진 적은 단 한 번도 없었다. 그럼에도 불안은 아직까지 메리의 몸적 자아somatic self의 신경회로에 무의식적으로 얽혀 있었다. 어린 시절의 공포가 어른이 된 지금까지도 사고방식과 지각을 자극하면서 커다란 불안 요소로 작용하고 있었던 것이다.

뇌를 이해하면 불안이 보인다

몸적 자아 깊은 곳에 숨겨진 과거의 경험을 본격적으로 들여다보며 불안을 탐구하기에 앞서, 우리 몸과 마음이 주변 환경에 대처하고 적응하기 위해 어떤 방식으로 협력하는지 간단히 이해해두자. 그리고 그 반응들이 어떤 과정을 거쳐 암묵기억에 새겨지며, 어떻게 지금 이 순간에 벌어지는 일들에 정보를 제공하는지 알아보자. 불안을 불러일으키는 생리적·정서적·인지적 반응의 독특한 상호작용을 파악하고 나면, 2장부터 소개할 소매틱 훈련을 통해 불안을 다스리는 기술을 연마할 수 있을 것이다.

　지금부터는 끊임없이 변화하는 몸 안팎의 상태에 반응하고 적응하기 위해 뇌와 신경계가 협동하는 방식을 간단히 살펴볼 것이다. 뇌와 신경계는 협력을 통해 매 순간 의미 있는 자기감을 형성하며, 생각하고 감각하는 존재로서의 고유한 경험을 자아낸다. 1장에서는 신경계 각 부분의 기능을 최대한 강조하기 위해 영역

별로 나누어 설명한다. 하지만 이들 모두는 결국 하나의 시스템을 이루며 서로 협력한다. 모든 기능이 하나로 협동해야 살아 있는 존재로서 느끼는 주관적 경험에 색채와 질감이 더해진다.

우리 몸을 조절하는 자율신경계

자율신경계autonomic nervous system는 우리 몸 전체에 얽혀 있는 신경회로 네트워크로서, 매우 섬세하고 예민하게 조율되어 있다. 자율신경계는 주변 상황에 따라 끊임없이 변화하는 의미 있는 느낌에 능동적으로 반응하고 적응한다. 호흡·심박수·내장기관의 활동 등 생명을 유지하기 위한 몸의 기능을 조절하며, 대체로 의식적인 자각 없이 작동한다. 자율신경계는 현재 처한 환경에서 어떤 위협이나 위험 상황을 감지하는 순간, 몸이 방어 태세를 취하고 생존을 위해 필요한 준비를 마칠 수 있도록 몸속에서 대책을 쏟아낸다. 이는 본능적이고 즉각적인 반응으로, 그 위험이 실존하는지 아니면 추측에 불과한지는 따지지 않는다.

자율신경계는 세 영역으로 구성된 복잡한 시스템이다. 하지만 우리는 그중 두 가지에만 초점을 맞출 것이다. 바로 교감신경계sympathetic nervous system와 부교감신경계parasympathetic nervous system다.

28

교감신경계

교감신경계는 체내의 흥분 상태를 조절하며 투쟁-도피 반응fight or flight response(긴박한 위협 앞에서 자동으로 나타나는 생리적 각성 상태-옮긴이) 기제를 발동시키는 것으로 잘 알려져 있다. 우리 몸의 위협 감지 시스템은 위험을 인지하는 순간 교감신경계를 더욱 활성화시킨다. 교감신경계는 심박수·혈압·호흡량을 증가시키는 등 생리적 변화를 일으켜 몸이 상황에 대처할 수 있게 준비하고, 위험 요소가 사라진 뒤에는 생리적 안정을 찾도록 하향 조정한다. 그런데 불안은 교감신경계를 시도 때도 없이 활성화한다. 다시 말해 불안 때문에 주변 곳곳의 불안 촉발요인trigger에 극도로 예민해지고, 몸은 촉발요인에 대처하기 위한 최적의 상태로 조정된다. 아주 사소한 일에도 감정이 폭발하거나, 분노와 짜증이 치밀어오르거나, 위압감 같은 감정이 휘몰아쳐 모든 것을 내려놓고 싶은 심정이 될 때가 있지 않은가? 이는 사소한 일이 벌어지기 전부터 교감신경계가 활성화된 상태였기 때문이며, 새로운 촉발요인은 이미 합리적이고 편안한 수준을 넘어선 교감신경계에 그저 돌 하나를 던졌을 뿐이다.

부교감신경계

부교감신경계는 '휴식과 소화rest and digest' 시스템이라고도 하며 근육의 긴장 완화, 심박수 및 혈압 감소, 소화 촉진을 돕는다. 마음챙김mindfulness(현재의 대상이나 순간에 있는 그대로 주의를 기울이는 것-옮긴이)과 이완 운동은 모두 부교감신경계를 공략하여 몸을 진정시킨다. 이처럼 부교감신경계는 각성 상태의 교감신경계를 제자리로 돌려놓는 생리적 작용을 돕는다. 하지만 부교감신경계도 위협으로부터 스스로를 지키는 역할을 할 때가 있다. 몸이 심각한 위협에 직면해 교감신경계가 극도로 활성화되었음에도 투쟁-도피 반응이 효과가 없거나 아예 가동되지 않을 때는 부교감신경계가 교감신경계를 압도하며 몸을 움직일 수 없게 한다. 다시 말해 부교감신경계는 교감신경계의 반응을 억누르고 몸의 기능을 모두 차단할 수 있다. 이런 현상을 **얼어붙기**freeze 반응이라고 한다. 위압감이 너무 심한 나머지 머릿속이 '새하얘지며' 아무 생각도 할 수 없었던 적이 있지 않은가? 입이 '떨어지지 않아' 아무 말도 하지 못했던 경험은? '몸이 얼어붙어' 움직일 수 없었던 일은? 모두 부교감신경계가 교감신경계의 작동을 차단하고 얼어붙기 반응을 발동시킨 경우다. 이와 같은 경험들은 엄청나게 당황스러우며 불안을 악화시킬 수도 있지만, 사실은 생존을 위해 일어나는 반응이다.

교감신경계와 부교감신경계는 좋은 협력 관계를 유지하면서 몸 안팎에서 끊임없이 일어나는 환경적 변화에 몸이 제대로 반응하고 적응할 수 있게 한다. 교감신경계와 부교감신경계의 신경회로는 우리의 안전과 안위를 1순위로 두고 생존 가능성을 보장하는 단서를 찾아 쉬지 않고 주변을 살핀다. 자율신경계가 유발하는 생리적 변화는 즉각적으로 의미 있는 느낌에 영향을 주고 불안을 촉발시킨다. 그렇기 때문에 미세한 몸적 변화를 미리 알아차리는 능력을 단련해두면 자율신경계가 다른 공포 반응을 유발하기 전에 신경계를 가라앉힐 수 있다. 또한 의미 있는 느낌을 알아차리는 능력을 잘 가다듬으면 공포 반응을 자극하는 촉발요인의 정체를 파악하고 암묵기억을 탐험하면서 그 촉발요인을 위험하고 위협적으로 인식하게 된 원인을 발견할 수 있다.

자율신경계는 생명 유지와 보호 기능 외에도 신경처리과정 neural processing에 깊이 관여한다. 지금부터는 뇌 구조를 세 영역으로 나누어, 각 영역이 어떻게 서로 협동하고 자율신경계와 주고받은 정보들을 처리하는지 간단히 살펴보자.

뇌의 세 가지 기본 구조

놀랍도록 복잡한 기관인 뇌는 바로 지금 우리가 경험하는 사건들에 의해 끊임없이 변하고 다듬어진다. 우리 몸속 두개골 안쪽에 있는 신경생물학적 컴퓨터인 인간의 뇌에는 신경세포가 약 10억 개 들어 있다. 이들은 모두 서로 연결되어 시속 322킬로미터를 넘는 속도로 정보를 전달한다. 게다가 뇌는 하루도 빠짐없이 매 순간의 정보를 받아들이고 처리하며 전달한다. 뇌 속에 광범위하게 펼쳐진 신경세포들을 모두 하나로 연결해서 우리 몸의 장기, 근육, 세포 전체에 어마어마한 양의 정보를 즉각적으로 전달하는 것이다. 어떤 순간에도 적절한 의미 있는 느낌을 만들어내고 몸의 활동을 다양하게 조절하는 우리 뇌가 얼마나 대단한지 알겠는가. 이를 고려할 때 공포 반응을 조정하고 성공적으로 불안을 해소하는 핵심 열쇠는 몸과 뇌의 상관관계를 파악하고 환경적 촉발 요인을 마주한 몸과 뇌가 어떻게 반응하는지 이해하는 것이다. 이 열쇠로 불안의 원인, 불안할 때 나타나는 패턴을 파악할 단서를 얻어 마침내 몸의 평정을 되찾을 수 있다.

지금부터는 이토록 놀라운 뇌가 지닌 기본적인 기능을 살펴보자. 이를 통해 우리 뇌가 대체 왜 끊임없이 불안을 만들어내는지 제대로 이해할 것이다. 뇌는 크게 뇌간brain stem, 대뇌변연계limbic region, 신피질neocortex 세 영역으로 구분한다. 이 세 영역은 각기 다른 고유의 역할이 있지만, 서로 협력하여 몸 안팎의 상황이 끊임없이 변화하는 가운데에서도 평정을 유지한다.

뇌간

뇌간은 뇌 뒷부분, 척추 바로 위쪽에 있다. 뇌간은 심박수, 호흡, 체온처럼 기본적인 생명 유지 기능을 조절하기 위해 몸과 정보를 주고받는 자율조절과정autonomic regulatory process의 요충지다.

뇌간은 자율신경계 활성화에 중요한 역할을 하며, 위험에 처했을 때 본능적인 생존 반응을 작동시키는 데에도 관여한다. 또한 운동제어motor control를 가능하게 하고 몸을 조율하여 부드럽고 균형 잡힌 움직임을 만들어낸다. 그 덕분에 우리는 신체활동을 할 때 우아하고 여유롭게 움직일 수 있다. 생명 유지에 기여하는 것은 물론이고 자전거를 타거나 줄 위에서 균형을 잡거나 왈츠를 출 수 있도록 몸을 조절한다는 점에서 우리는 뇌간에게 많은 부분을 기대고 있다. 게다가 뇌간의 신경생리학적 기능 중 상당 부분이 몸감각 경험somatosensory experience에 연관되어 있는데, 이는 뇌간이 어떤 순간을 마주칠 때마다 의미 있는 느낌을 주도적으로 조절한다는 뜻이다.

뇌간은 몸이 전달하는 정보를 사실상 무한대로 받아들인 다음 한 번 걸러 상위피질영역higher cortical area으로 올려보낸다. 상위피질영역은 정보의 중요도를 판단하고 그에 따라 정보를 처리한다. 정보들이 곧장 뇌간으로 흘러들어오기 때문에 뇌간은 위쪽으로 올라가는 정보를 의미 있는 느낌으로 가득 채울 수 있다. 이는 곧 생각, 기분, 지각, 행동에 영향을 끼친다. 다시 말해 뇌간은 우리가 주변 세상이나 타인과 관계를 맺는 동안 의미 있는 자기감을 형성하도록 돕는다. 더불어 뇌간은 암묵기억 속에 의미 있는 경험을 보관하는 역할도 한다. 하지만 감각정보가 처음 뇌간에 다다랐을 때는 그저 단순한 감각에 불과하다. 이 감각정보에 정서적·의식적 의미가 더해지는 것은 대뇌변연계와 신피질에 도착한 뒤의 일이다.

대뇌변연계

대뇌변연계는 뇌의 중심부에서 뇌간 위쪽, 신피질 조금 아래에 위치한다. 대뇌변연계는 뇌에서 정서를 담당하는 영역으로 알려져 있다. 주변 환경 및 인간관계와 관련된 정서 반응을 조절하기 때문이다. 편도체amygdala와 해마hippocampus를 비롯한 뇌 구조 몇 가지로 이뤄진 대뇌변연계는 우리가 경험한 사건의 정서적 중요도를 평가하고 그 사건이 우리에게 의미 있는 일인지 여부를 판단한다. 이로써 대뇌변연계는 삶에서 느낀 정서들을 한데 엮어 색색의 자수를 수놓고, 의미 있는 느낌이 모습을 드러내게 한다. 또한 몸감각과 행동에 정서적 의미를 연결하는 뇌섬엽insula 같은 다른 뇌 구조와 끊임없이 정보를 주고받으면서 신경처리과정의 폭넓은 상호연결성을 유지한다. 이 세 뇌 영역이 주고받는 신경생물학적 상호작용은 의미 있는 느낌과 그것에서 발생하는 행동적 충동에 정서적 맥락을 부여한다.

대뇌변연계는 새로 들어오는 정보들을 끊임없이 평가하고 처리한다. 신경정보가 들어오면 빠르고 정확하게 정서적 중요도를 기록한 다음, 남은 평가를 받도록 다른 뇌 영역으로 보낸다. 그런데 대뇌변연계가 처음 보는 정보의 정서적 중요도를 평가할 때는 다름 아닌 암묵기억의 도움을 받는다. 지금 이 순간에 전해지는 감각, 그러니까 시각·후각·미각, 심지어는 피부에 닿는 촉각 중 하나라도 과거의 사건과 유사하거나 당시의 정서적 특성과 비슷하다면 대뇌변연계는 현재의 상황이 과거 사건이 일어난 상황과 같을 가능성이 크다고 결론 내린다. 더불어 과거와 똑같은 상황이 맞다면 과거에 취했던 반응을 그대로 재현해야 한다고 판단한다. 암묵기억에 저장된 정서가 강렬하기까지 하다면, 대뇌변연계는 뇌간의 도움을 받아 더 이성적인 평가를 담당하는 분석적인 뇌 구조들이 할 일을 가로채버린다. 이로써 주어진 정보를 논리적이고 고차원적으로 검토할 기회는 사라지고 반사적 반응을 멈출 수 없다. 과거와 현재를 구분하는 능력은 억제되고, 현재 벌어지는 상황이 마치 과거의 일인 양 반응한다. 불안에 초점을 두고 대뇌변연계의 작용을 살펴보면, 과거에 경험했던 풀지 못한 공포나 위압감이 어떻게 아직까지도 우리의 지각과 행동에 영향을 끼치는지 알 수 있다.

풀지 못한 공포 경험에서 비롯한 암묵기억에는 당시 느꼈던 감각정보, 정서 반응, 사고방식, 행동적 충동이 고스란히 새겨진 사건의 파편이 담겨 있다. 이처럼 정서적 경험이 몸적 기억 체계 안에 독특한 형태로 각인되어 있다는 사실을 아는 것이 불안의 근원을 이해하고 불안을 내려놓는 여정의 출발점이다.

한편 우리 뇌는 어떤 경험을 무의식적으로 받아들이기도 하지만, 반대로 어떤 일에 의식적으로 의미를 부여하기도 한다. 뇌의 신피질이 바로 이 과정을 담당한다.

신피질

이마 뒤쪽과 정수리를 넓게 둘러싸고 있는 신피질은 논리적 사고, 추상적 관념, 문제 해결, 계획과 같은 인지과정을 담당한다. 바로 이 영역의 신경회로에서 통찰력과 아이디어가 샘솟으며 우리가 경험한 사건에 의미가 부여된다. 미래 계획을 세우거나 의사결정을 할 때에도 도움을 준다. 복잡한 구조를 지닌 뇌의 다른 부분들과 마찬가지로 신피질도 좌뇌와 우뇌 두 개의 반구로 나뉘어 있으며, 각각의 반구 안 신경회로는 어떤 경험을 할 때마다 활성화된다. 좌뇌와 우뇌는 발맞춰 춤추도록 만들어졌다. 각각의 고유한 인지적 리듬과 스타일을 통합하여 사고방식과 지각에 입체적인 흐름과 리듬을 만들어낸다. 그런데 마음이 불안한 사람의 뇌에서는 좌뇌와 우뇌의 스텝이 자꾸만 꼬인다. 리듬에 맞춰 조화롭게 움직이려고 애쓸 때마다 충돌하는 것이다.

우뇌

정서, 인간관계, 의미 있는 느낌을 중점적으로 담당하는 우뇌의 신경회로는 주변 환경과 주변 사람들이 내비치는, 주로 비언어적이고 미묘한 메시지를 파악한다. 우뇌는 직감적이고 우회적인 사고를 즐기며, 대체로 현재에 주의를 기울인다. 특히 이 순간에 어떤 느낌이 드는지, 그 느낌이 우리에게 어떤 의미가 있는지에 집중한다. 우뇌의 지각은 총체적이며 호기심으로 가득하다. 우뇌는 세상이 하나로 연결된 여러 조각으로 이루어져 있으며, 이것이 개개인의 고유한 개성과 융합하여 우리의 주관적 경험 전체를 만든다고 여긴다. 여기까지 살펴보면 우뇌가 뇌의 하부 구조, 곧 정서 반응·신체 기능·생존본능을 조절하는 대뇌변연계나 뇌간으로부터 직접적인 영향을 받는 이유를 알 수 있을 것이다. 이 기관들을 통해 우뇌는 인지과정에서 몸 중심 정보와 암묵기억을 사용한다. 우뇌는 과거에 겪은 주관적 사건의 진실을 몸으로 느꼈던 그대로 간직하고 있으며 의미 있는 느낌을 더 깊이 알아차림으로써 지각을 형성한다.

좌뇌

좌뇌의 신경처리과정은 우뇌와 매우 다르다. 우뇌가 경험에 의미를 부여하거나 감각을 느끼는 데 신경을 쏟는 반면, 좌뇌의 지각은 직선적이고 실용적이다. 좌뇌는 세상을 분석적인 시각으로 하나하나 뜯어보며 쓸모가 있는지 따지려고 든다. 좌뇌는 매우 논리적이고 체계적이어서 세상을 이해할 때 선형적인 사고방식과 판단력을 사용한다. 우뇌가 현재의 불확실성을 이해하고 수용하는 것과는 반대로 좌뇌는 일관성, 예측 가능성, 안정성을 선호한다. 그러다 보니 판단력과 사리분별이 뛰어나며, 올바르게 판단하고 행동하기 위해 규칙이나 규제를 만드는 경우도 많다. 좌뇌가 이런 일을 하는 이유는 몸 안팎의 조건을 일관적으로 유지하기 위해서다. 자연스럽게 인간의 언어능력도 주로 좌뇌와 연결된다. 좌뇌는 상황에 대한 명료한 판단과 예상되는 결과를 조리 있는 언어로 만드는 데 필요한 기술을 신속하게 끄집어낸다.

좌뇌와 우뇌가 협력하면 논리적 정보와 직관적 정보가 하나로 통합된다. 이로써 삶을 더욱 역동적으로 즐길 수 있으며, 논리적이고 체계적일 뿐만 아니라 정서적으로도 의미 있는 느낌이 가득해진다. 뇌반구의 협력 덕분에 우리는 어떤 사건에서 직감적 정보와 현실적 정보를 한꺼번에 찾아내고 통찰력을 키우며, 그 경험을 분석하고 경험에 의미를 부여할 수 있다. 좌뇌와 우뇌의 능력이 한데 모이면 지금 이곳에서 느껴지는 주관적 사건에 전후 맥락이 생기고, 그 덕분에 미래를 향해 똑바로 나아갈 수 있다. 그러나 두 반구가 화합하지 못하거나 한쪽이 다른 하나를 배제한 채 인지과정을 장악한다면 소통의 부재로 말미암아 몸 깊은 곳의 풀지 못한 공포가 수면 위로 떠오른다. 예를 들어 몸과 마음이 불안할 때는 우뇌가 이성적인 좌뇌를 압도한다. 이 경우 좌뇌는 감정적인 우뇌와의 소통을 차단함으로써 자신의 기능을 온전하게 유지하려고 한다. 반대로 공포가 해소되고 신경계가 균형을 이루면 좌뇌와 우뇌가 효율적으로 협력한다. 합리적 사고와 직감적 깨달음이 통합되며 지금 이 순간의 경험이 체화되는 것이다.

불안에 빠진 뇌, 불안을 이기는 몸

신경계가 제대로 작동하고 있을 때는 세 가지 뇌 구조와 자율신경계가 원활하게 소통하며 몸속 환경을 조화롭고 균형 있게 유지해서 외부 환경이 요동치더라도 효율적이고 효과적으로 반응한다. 문제는 암묵기억 체계, 곧 우리 몸의 신경회로에 각인되어 매 순간 생각·믿음·지각·행동에 영향을 끼치는 과거의 기억들이 풀지 못한 공포를 간직하고 있는 경우에 생긴다. 암묵기억 체계가 작동하기 시작하면 공포 반응이 촉발된다. 그리고 이 상황을 논리적이고 합리적으로 처리할 상위의 인지과정마저 공포 반응이 점령해버린다.

뇌와 신경계가 긴밀하게 소통할 때는 암묵기억 체계가 쏟아내는 정보에 좌지우지되지 않는다. 오히려 이 정보가 좌뇌의 논리적 사고방식과 결합되어 통합적 지각으로 거듭난다. 다시 말해 신경계의 각 기능이 원활하게 협력하고 소통할 때는 의미 있는 느낌과 균형 잡힌 논리적 사고를 활용하여 주어진 환경을 해석하고 그것에 반응할 수 있다. 이를 통해서 우리는 현재를 확고하게 경험한다. 하지만 안타깝게도 지속적인 불안에 시달리는 사람의 신경계는 한쪽 뇌 구조가 다른 하나를 압도할 정도로 과도한 반응을 보이며 분열되어 있을 가능성이 크다. 불안정해진 신경계는 상황을 명확하게 파악하기 위해 두 반구를 협력시키려고 애쓰고 있을 것이다. 이 현상은 특히 암묵기억이 강렬할수록 더욱 뚜렷하게 나타난다.

메리의 이야기로 돌아가 이 과정을 살펴보자. 부모가 이혼했을 당시 어린아이였던 메리는 공포와 위압감을 느꼈다. 공포라는 의미 있는 느낌은 암묵기억 체계 안에 숨어 있다가, 직장을 그만두고 타인에게 의존해야 하는 상황이 다시 펼쳐졌을 때 자신도 모르는 사이 되살아났다. 메리는 무의식중에 타인에게 의존해야 하는 현재 상황을 어린 시절 경험했던 의존적인 상황과 같거나 비슷하다고 받아들이면서 오래된 공포가 촉발됐다. 그 결과 뇌간·대뇌변연계·신피질의 우뇌, 곧 암묵기억을 간직하고 있던 뇌 구조가 한꺼번에 공포 반응을 작동시켰고 메리는 만성적인 불안에 빠졌다. 메리의 좌뇌는 불안을 해소하려고 폭주하고 있었다. 사실 '이래라저래라 괴물'은 모든 일을 **정해진 방식**으로 완수해야 한다는 체계적 규율을 확립함으로써 예측 가능성과 안정성을 확보하기 위해서 태어났다. 괴물의 존재는 되살아난 암묵기억을 외면하고자 하는 메리의 노력을 반증한다. 이 괴물 덕분에 메리는 안정감이라는 의미 있는 느낌을 느끼며 공포를 덜어낼 수 있었다. 머릿속을 정신없이 굴리느라 평정심을 잃지 않을 수 있었고 때로 견디기 어려운 우울감이 찾아오더라도 벗어날 수 있었다. '이래라저래라 괴물'은 메리가 일상을 살아가면서 공포에 압도되지 않고 몸적 자아를 온전하게 유지하도록 애쓰고 있었다. 하지만 결과적으로 그 괴물은 메리의 불안을 악화시켰다.

메리의 불안은 치료 과정에 소매틱 훈련을 더한 뒤부터 호전되기 시작했다. 마음속에 담아뒀던 이야기를 털어놓는 동시에 몸이 경험하는 감각에 집중하자 몸이 간직하고 있던 공포를 더욱 깊이 이해하고 치유할 수 있었다. 그 감각에 새겨진 것은 어른이 된 메리가 아니라 **과거의 어린 메리가 경험했던 감각을 있는 그대로 기억하는 주관적 진실**이다. 몸감각과 암묵기억에 집중하자 메리는 마치 겁에 질린 어린 시절로 돌아간 듯 보였다. 우리는 한시도 마음 편히 지내지 못했던 그 아이를 안심시키고 공포를 잠재워서 이제는 다 괜찮다고 말해줄 수 있었다.

이제 우리는 몸적 시각을 통해서 이 끈질긴 불안의 원인이 어떻게 무의식의 암묵기억으로 들어갔는지 알게 되었다. 그렇다면 어떻게 무의식에 접근하여 신경계의 균형을 맞추고 불안을 완화할 수 있을까? 이 방법을 2장에서 소개할 것이다. 무의식에 내재된 감각이란 본디 몸감각이다. 다시 말해 암묵기억은 몸 안에 머물고 있다. 따라서 우리는 지각에 영향을 끼치고 불안을 유발하는 무의식적 생각과 믿음으로 향하는 통로를 찾기 위해 의미 있는 느낌에 주의를 기울일 것이다. 지금부터는 사람들이 흔히 겪는 불안의 원인을 상세하게 파헤치며 의미 있는 느낌에 귀 기울이는 소매틱 훈련을 할 것이다. 이 훈련을 통해서 우리 몸의 타고난 능력을 일깨워 만성적 걱정과 공포 한가운데 자리한 정서적 상처를 치유하고 불안을 말끔히 떨쳐내자.

지금 당장
불안을 다스리는 법
: 몸의 소리 듣기

암묵기억을 찾아 내면세계를 탐험하다 보면 때로 힘든 순간이 찾아오지만 틀림없이 보상이 뒤따른다. 수수께끼 같은 무의식적 정서 아래 잠들어 있는 그 기억들은 현재 경험을 이해하고 탐험하는 데 필요한 정보들을 가득 담은 보고다. 몸에는 불안을 자극하는 풀지 못한 공포를 치유해줄 지혜가 가득 들어 있다. 따라서 불안을 해소하려면 몸이 내는 독특한 목소리에 귀 기울이고 무슨 말을 하는지 이해하는 능력이 반드시 필요하다. 나는 이 능력을 '몸의 소리 듣기mindful somatic awareness'라고 부른다.

2장에서는 몸의 소리를 듣는 기술을 익힐 것이다. 이로써 몸이 보내는 독특한 불안 신호를 알아차리고 그 신호가 현재 경험이나 미래와 관련한 지각에 대해 전하는 메시지를 경청하는 능력을 키울 것이다. 공포 반응이 솟구쳐오르기 전에 안정을 찾고 불안의 한가운데에 있는 깊은 상처를 치유해보자.

몸의 소리 듣기란 무엇인가?

몸의 소리 듣기란 우리 몸이 내는 독특한 목소리를 경청하고, 몸이 전해주는 정보를 이해하며, 그 정보를 사용하여 불안을 잠재우는 능력이다. 몸의 소리를 듣기 위해서는 몸 안에서 활발히 움직이는 감각, 곧 의미 있는 느낌을 불러일으키는 감각들에게 주의를 기울이고, 공포 중심 지각에 반사적으로 반응하지 않도록 차근차근 노력해야 한다. 또한 비판적인 자세를 버리고 새로 알아차린 의미 있는 느낌에 들어 있는 정보들을 숙고하고 이해하려는 노력이 필요하다.

의미 있는 느낌을 알아차리는 순간, 우리는 종종 그 감각에 대해 의견을 내거나 옳고 그름을 따지려고 한다. 이는 감각과 우리 사이를 가로막을 뿐만 아니라 그 감각의 진정한 의미에 다가갈 수 없게 한다. 몸의 소리를 들을 때에는 감각을 평가하려는 충동을 억제하고 그 감각이 피어오르는 모습을 있는 그대로 관찰해야 한다. 일단 감각을 인지한 다음 그 감각들이 우리 몸에서 다양한 방식으로 진동하고 있다는 사실을 깨닫고 나면, 우리가 경험하는 의미 있는 느낌을 숙고하며 좀 더 심층적인 의미에 닿을 수 있다. 나아가 **사려 깊은 행동**mindful action을 이끌어내는 중요한 정보를 얻을 수 있다. 사려 깊은 행동이란 직감적 깨달음(우뇌)과 논리적 사고(좌뇌) 양쪽에서 정보를 받아 현재 알아차린 감각들을 기반으로 어떤 행동을 할지 선택하는 것을 의미한다.

몸의 소리 듣기는 가만히 앉아 불편한 몸감각을 곱씹는 행동이 아니다. 오히려 충분한 시간을 들여 감각과 한자리에 있으면서 암묵기억에 대해 품고 있는 심층적 메시지를 표현하도록 기회를 주는 행동이다. 이를 통해 우리는 공포 반응의 근원이 된 과거의 사건을 파헤칠 수 있으며, 평정을 되찾으려면 어떤 해결책이 필요할지 직감적으로 깨닫는다. 해결책은 우리를 불안에 빠뜨리는 특정 문제에 대해 누군가와 상의하기처럼 현실적인 행동일 수도 있고, 일기 쓰기나 명상하기처럼 자기성찰적인 행동일 수도 있다. 어느 쪽이든 우리에게 무엇이 필요한지 머리로만 생각한 반사적 반응이 아니라, 진정한 의미 있는 느낌에 뿌리를 둔 반응이다. 인내심을 가지고 의미 있는 느낌에 귀 기울이면 감각들의 지휘 아래 자연스럽게 지금 이 순간에 주체적으로 반응할 수 있다. 그리고 이는 자연스럽게 불안 해소로 이어질 것이다.

몸의 소리 듣기는 어떻게 불안을 잠재우는가?

불안에 사로잡혀 있을 때는 몸에서 느껴지는 공포를 견디기 어렵기 때문에 반사적 행동이 자주 나타난다. 공포는 몹시 불쾌하고 버거운 감정이다. 그래서 자연스럽게 공포를 완화하기 위한 행동을 한다. 예를 들어 친구에게 연락하거나 산책에 나서고, 생각과 감정을 공책에 기록한다. 이렇게 공포를 덜어내려는 노력은 때로는 도움이 되지만, 외려 해가 되는 경우도 있다. 반사적이거나 강박적인 행동이 나타날 수 있고, 고정적이고 대체할 수 없는 반복 행동으로 굳어지기도 한다. 공포를 떨치기 위한 노력이 오히려 문제를 불러일으켜 결국 불안을 더 악화시키는 것이다.

공포에 반사적으로 반응할 때에는 공포에 대한 생각과 공포감각 사이의 경계가 모호해진다. 달리 말해 **나 자신이 곧 공포인 상태**, 곧 나의 몸과 마음이 생각과 지각을 장악하여 불안을 지속시키는 상태가 된다. 하지만 잠시 멈춰 주관적 평가를 배제하고 의도적으로 의미 있는 느낌에 주의를 기울인 다음, 그 감각들을 찬찬히 살펴본다면 공포에 대한 생각과 공포감각 사이의 거리가 명확해진다. 생각과 감각을 구분하면 **공포의 원인은 내가 아니라는 사실**을 깨닫는다. 우리는 그저 **공포를 경험하고 있을 뿐**이다. 관심을 다른 곳으로 돌리는 것만으로도 스스로를 공포와 분리시키고 한 발 물러서서 감각을 알아차릴 수 있다. 이 과정은 공포 발생에 관여하는 뇌 영역들의 활동을 자연스럽게 감소시키고 불안을 누그러뜨린다. 또한 지금 이 순간 반사적으로 나타나는 의미 있는 느낌을 관찰하고, 그 반응을 이해하며, 지금까지 이해한 것을 마침내 사려 깊은 행동으로 승화시킨다. 정리하자면 몸의 소리 듣기는 좌뇌와 우뇌의 통합을 촉진하여 의미 있는 느낌을 깨닫는 능력과 이성적 사고를 조화시키며, 반사적이지 않고 합리적인 결정을 내릴 수 있도록 한다.

몸의 소리 듣기는 당장의 불안 해소에도 도움이 되지만, 무엇보다 불안을 근본적으로 뿌리 뽑을 수 있다. 앞에서 살펴보았듯 우리는 몸의 소리 듣기를 통해서 암묵기억에 접근할 수 있다. 더 정확하게 표현하자면, 공포나 위압감을 느꼈던 근원적 경험, 곧 불안의 원인이 된 사건(이 경험은 여러 개일 수도 있다)이 벌어졌던 당시에 느꼈던 행동충동·몸감각·감정적 반응의 파편들을 지닌 암묵기억과 몸을 연결할 수 있다. 반사적 행동 없이 차분하게 의미 있는 느낌에 집중하고 감각을 관찰할 수 있다면, 더욱 심층적인 신경처리과정에 연결되어 공포 반응을 일으킨 과거의 본질이 훨씬 선명하게 보인다. 이때 과거의 정보는 일목요연하게 정리된 형태가 아니라 몸 깊은 곳의 이끌림이나 살면서 얻는 인생의 진리에 관한 직감, 나에게 깊은 영향을 준 정서적 경험과 같은 의미 있는 느낌의 형태로 전해진다.

의미 있는 느낌은 공포나 위압감의 원인에 대한 아주 강렬한 몸적 알아차림을 유발한다. 게다가 불안을 촉발하는 기억과 연결된 강렬한 정서를 쏟아낼 수도 있다. 일례로 공포에 휩싸이거나 몸이 떨릴 수 있으며, 슬픔이나 비탄을 느끼며 눈물이 터질 수도 있다. 감정이 폭발하면서 안정을 찾기 위해 부득이하게 친구나 사랑하는 사람에게 도움을 청할 수도 있다. 이런 본능적인 반응들은 생소하고 낯선 데다가 평소 감정을 다스리기 위해 사용하던 방법이 아니기 때문에 당황스러울 수도 있다. 그래도 이 감각들이 목소리를 낼 수 있도록 내버려두어야 한다. 우리 몸의 지혜가 묵은 공포를 해소하고 불안을 털어내기 위해 해야 할 일들을 알려주는 과정이기 때문이다.

몸이 정서적 에너지를 분출하도록 하는 동시에 몸의 소리를 경청하면 미세하면서도 강렬한 생리적 변화를 경험할 수 있다. 몸이 붙들고 있던 긴장감과 부담감이 해소되고 안도감과 후련함이 찾아온다. 또한 몸적 자아가 자유로워지면서 이완·기쁨·즐거움과 같이 새롭고 기분 좋은 감각들을 경험하게 되고, 본능적으로 현실적 해결책을 찾는 데 집중한다. 이렇게 지금 이 순간의 진짜 문제를 고민하거나 미래를 계획할 때 사려 깊은 행동이 도움이 된다. 이 과정에서 안도감을 북돋울 뿐만 아니라 자기 역량을 강화할 수 있다. 자리에 앉아 몸의 소리를 듣고 있으면, 우리는 완전히 새로운 방식으로 스스로를 알아차리게 된다. 내가 어떤 위기를 극복했는지 인지하고, 내가 지닌 뛰어난 적응력과 회복탄력성의 진가를 알아보며, 내면의 귀중한 자원들을 빠짐없이 인지할 수 있다. 사실 우리가 주변 환경이나 사람들에게 큰 영향을 줄 정도로 뛰어난 역량과 잠재력을 가진 사람임을 깨달을 것이다.

내 몸의 감각을 느낄 수 있나요?

1장에서 언급한 메리의 이야기로 돌아가 몸의 소리 듣기가 지닌 잠재력과 치유 효과를 살펴보자. 간단하게 정리하자면 메리는 경제적 결핍, 타인에게 의존하거나 짐이 되는 일에 대한 공포 때문에 괴로워하고 있었다. 또한 스스로에게 불가능한 수준의 완벽함을 요구하고 있었으며 타인에게 도움 청하기를 불편해했다. 메리는 자신이 느끼는 공포가 무엇인지, 어디에서 기인했는지 머리로는 알고 있었다. 하지만 그녀의 몸은 공포를 놓아주지 않았다. 공포는 메리의 몸 안쪽, 암묵기억에 엉겨붙어 그대로 남아 있었으며 끊임없이 불안감을 불러일으켰다.

어느 날 상담을 하던 중 메리는 자신의 불안 어딘가에 부모의 이혼이라는 주변 상황이 연관되어 있다는 사실을 떠올렸다. 나는 메리의 가빠진 호흡, 떨리는 다리, 꽉 마주 잡은 손에 주목했다. 나는 잠시 이야기를 멈추고 몸에서 느껴지는 감각에 집중해보라고 말했다. 몸이 능동적으로 표현하는 공포 반응을 의식할 수 있는지 알아보기 위해서였다. 처음에 메리는 내 말이 무슨 의미인지 잘 이해하지 못했다. 나는 우리의 몸 또한 메리의 이야기를 듣고 있으며, 그 때문에 두려움을 느낀다는 사실을 알려주기 위해 애쓰고 있다고 설명해주었다. 이야기를 잠시 멈추고 충분한 시간을 들여 의미 있는 느낌에 주의를 기울인다면 메리의 몸이 어린 시절을 어떻게 받아들였는지, 당시의 공포를 고스란히 간직하고 있는 이유가 무엇인지 알아낼 수 있을지도 몰랐다.

나는 메리에게 몸 안에서 느껴지는 감각을 알아차릴 수 있도록 호흡에 집중하라고 말했다. 그러자 메리는 가빠지는 호흡 외에도 가슴에서 느껴지는 묵직한 감각을 알아차렸다. "꼭 뭔가 들어 있는 것 같아요." 나는 메리에게 잠시 그 감각을 그대로 느껴보라고 말했다. 본래 있던 감각이 변한 것인지, 아니면 새로운 감각을 알아차린 것인지 살펴봐야 했다. 몇 분이 지났을까, 메리는 배를 내려다보더니 배 속에서 '밧줄'이 느껴진다고 말했다. 나는 그 밧줄을 묘사할 수 있는지, 생김새는 어떤지, 크기는 어느 정도인지, 색깔이 있는지 질문했다. 우리가 어떤 느낌을 경험하다 보면 종종 마음속에 그 감각의 형태가 이미지로 떠오르기도 한다. 감각의 형태를 말로 표현하면 크게 도움이 된다. 암묵기억뿐만 아니라 몸적 알아차림과의 연결을 돕거나 유지해주기 때문이다. 게다가 감각에 압도되지 않도록 조절하는 효과도 있다.

메리는 배에 전해지는 감각을 조심스럽게 살피면서 그 밧줄이 '파란색'이며 선상에서 사용되는 물건 같다고 했다. 그러고는 곧바로 밧줄이 항해를 즐겼던 아버지와 연관되어 있다는 사실을 알아차렸다. 배 속에 있는 밧줄을 계속해서 관찰하던 메리는 새로운 감각을 느끼기 시작했다. 메리는 에너지의 파도가 위쪽으로 몰아치면서 가슴에서 목 쪽으로 움직이고 있다고 묘사했다. 나는 움직임을 따라가보라고 했다. 감각을 좇던 메리는 갑자기 헉 소리를 내더니 크게 숨을 들이마셨다. 숨을 내쉬는 순간, 메리는 무너지듯 주저앉아 울었다. 나는 흐느끼는 메리 곁에 앉았다. 몇 분이 지났을까, 메리는 눈물을 흘리며 작은 목소리로 말했다. "아버지가 너무 그리웠어요. 부모님이 이혼하고 나서 어머니와 단둘이 사는 동안에는 아버지가 얼마나 그리운지 잊고 살았어요."

몸의 소리에 귀를 기울이는 동안 메리는 모습을 드러내기 시작한 암묵기억을 살폈다. 어린 시절부터 그녀의 몸이 간직하고 있던 기억이었다. 메리는 정기적으로 아버지를 만나기는 했지만, 가정 안에 있는 아버지의 존재를 그리워하곤 했다고 회상했다. 메리는 아버지를 곁에 있으면 모든 일이 다 잘될 것 같은 기분이 드는 강하고 듬직한 사람으로 기억했다. 메리는 든든한 아버지의 부재가 자신의 공포에 어떤 식으로 연결되어 있는지 여태까지 단 한 번도 인식하지 못했다는 사실을 깨달았을 뿐만 아니라 새로운 감각들과 그에 따른 관련 기억들이 떠올랐다. 그중에는 어느 날 밤 침대에 누워 있다가 어머니에게 가서 집에 돈이 얼마나 있는지 물어보고 싶은 충동을 억눌렀던 기억도 있었다. 어머니의 입에서 나올 진실이 두려웠던 메리는 차라리 직접 행동하기를 택했다. 어린 메리는 살림에 한 푼이라도 보태기 위해 쿠폰을 잘라 모으고, 옷이나 학교 준비물을 사달라고 떼쓰지 않기로 마음먹었다. 떠오르는 어린 시절의 모든 감각과 기억을 찬찬히 살피며 앉아 있던 메리는, 그동안 자신이 모든 일을 마음에 쌓아두면서도 자립적이고 독립적인 사람이 되는 방법을 통해 공포를 견디고 있었음을 깨달았다.

메리는 몸적 시각으로 스스로를 바라보면서 과거와 현재의 연결점을 알아보기 시작했다. 남편에게 경제적으로 의존하게 된 현재 상황이 과거의 공포와 공포 반응을 촉발했다. 이것은 감정을 속으로 삼키고 욕구에 대한 의미 있는 느낌을 전부 외면하며 모든 일을 스스로 해냈던 어린 메리가 경험했던 것과 정확하게 일치했다. 메리는 이제 새로운 몸적 알아차림과 함께 불안을 잠재우려면 무엇이 필요한지 깨달았다. 어린 시절, 마음은 있었지만 너무 두려워서 차마 하지 못했던 바로 그 사려 깊은 행동을 시도해야 했다. 다시 말해 메리는 위험을 감수하고서라도 남편을 비롯한 소중한 사람들에게 속마음을 털어놓고, 어린 시절 간절하게 원했던 든든하고 따뜻한 위안을 얻어야 했다.

어린 시절 메리는 자신의 감정이 어머니에게 짐이 될 것이라고 어림짐작했다. 마찬가지로 지금은 자신의 공포가 남편에게 부담을 줄 것이라고 생각했다. 하지만 몸에 있던 오래된 정서적 에너지를 덜어내면서 자신이 이미 알고 있던 진실을 느낄 수 있었다. 남편은 커다란 감정도 충분히 다스릴 줄 아는 사람이며 쉬이 겁을 먹지 않는다. 게다가 메리를 위해 이 모든 일을 알고 싶어하며, 그동안 메리가 홀로 고통스러워했다는 사실을 알면 무척 슬퍼할 것이었다. 메리는 오래된 공포 때문에 이 사실을 미처 보지 못했고, 안전감과 안정감, 효능감을 느끼기 위해 스스로에게 무엇이 필요한지 깨닫지 못했다. 실질적인 해결책의 윤곽이 보이자, 메리는 이제 어린 시절처럼 홀로 괴로워하지 않아도 된다는 사실에 안도감을 느꼈다. 인생에 찾아온 낯설고 두려운 변화를 받아들임으로써 남편이라는 든든한 동반자를 얻은 것이다.

지금쯤이면 몸의 소리 듣기가 어떤 것인지 이해되었을 것이다. 이제는 속도를 조금 높여서 공포를 해소하고 불안을 덜어내기 위한 기술을 익힐 차례다. 미리 말해두지만 다른 모든 기술과 마찬가지로 몸의 소리 듣기 또한 익숙해지기까지는 의식적인 노력과 연습이 필요하다. 처음에는 불편하고 어색할지도 모른다. 제대로 하고 있는지 의심스러울 수도 있다. 그래도 멈추어서는 안 된다. 우리 몸은 태생적으로 건강과 행복을 추구한다. 다시 말해 우리 몸은 자신을 치유하는 방법을 본능적으로 알고 있다. 숨 쉬는 매 순간 우리 몸의 신경회로는 의식의 명령 없이도 자동으로 움직인다. 몸과 마음을 통합시키고 서로 소통하게 하여 육체적·정서적·심리적 자아를 모두 연결시킨다. 여기에 몸의 소리 듣기를 더하면 자연스럽게 몸이 공포를 떨쳐낼 기회가 찾아온다.

SOAR: 불안을 달래줄 네 가지 마음 도구

몸의 소리 듣기는 누구나 쉽게 익힐 수 있는 기술이다. 신경이 비교적 안정적일 때, 편안하게 집중할 수 있을 때 해보면 가장 좋다. 불안감이 높아진 상태에서는 몸의 소리를 듣기가 조금 까다로워진다. 공포를 잠재우고자 하는 반사적 충동이 강렬해지기 때문이다. 하지만 나는 불안감이 심해질 때도 몸의 소리 듣기를 손쉽게 활용할 수 있도록 SOAR 연습을 개발했다.

SOAR은 감각하기sensing, 관찰하기observing, 표현하기articulating, 돌아보기reflecting의 줄임말이다. 몸의 느낌을 **감각하고** 그 감각을 **관찰한** 다음, 관찰한 것을 **표현하고**, 표현한 것을 **돌아본다.** 이 모든 과정을 거치면 좌뇌와 우뇌의 기능을 통합시켜 신경계를 조절하고 몸의 소리 듣기 기술을 연마할 수 있다.

SOAR 연습의 효과는 다양하다. 그중 하나를 예로 들면, 부교감신경계를 공략해 신속하게 몸의 평정을 되찾는 데 도움을 준다. 그리고 몸의 암묵기억에 접근하여 불안에 대해 자세한 정보가 담긴 의미 있는 느낌을 불러일으킨다. 이 내면의 정보가 몸 밖의 감각 알아차림과 만나는 순간, 우리는 풀지 못한 공포를 좀 더 논리정연하고 합리적으로 이해할 수 있다. 그리고 불안의 발생 과정을 더욱 깊이 들여다보면서 불안의 촉발요인은 물론이고 나의 정서 반응, 생각 패턴, 그와 연관된 행동 반응을 파악할 수 있다. 그 덕분에 이후 불안의 촉발요인과 맞닥뜨렸을 때 기존과 다르게 반응할 수 있다. 시간이 지나면 이 새로운 반응이 기존의 공포 반응 패턴을 완전하게 대체할 것이다. 더불어 SOAR 연습을 할 때 나타나는 의미 있는 느낌에는 암묵기억과 연결된 공포·슬픔·분노·실망·상처와 같은 일련의 감정들을 표출하는 힘이 있다. 새롭게 얻은 통찰력에 감정 표출이 더해지면, 불안의 중심에 있는 정서적 흉터가 치유되고 신경이 조절된다.

SOAR 연습의 원리는 바로 좌뇌와 우뇌의 통합이다. 일단 정보를 얻기 위해 몸에 주의를 기울인 다음, 논리와 사고력을 동원해서 그 정보를 이해한다. 우뇌가 **감각하기**와 **관찰하기**를 통해 직감적인 능력을 발휘하여 의미 있는 느낌을 알아차리고, 여기에 좌뇌가 **표현하기**와 **돌아보기**를 통해 논리력을 발휘한다. 이런 과정을 거쳐 SOAR 연습은 뇌 양 반구의 신경 통합을 촉진한다. 불안·공포·걱정을 덜어내기 위해 몸적인 동시에 인지적인 해결방안을 마련한다. 좌뇌와 우뇌의 기능이 협력하면, 우리는 열린 마음가짐과 굳건한 태도로 현재에 임하고 사려 깊은 행동을 취할 수 있다.

지금부터 SOAR 연습의 각 과정을 차례대로 살펴보고, 몸의 소리에 귀 기울이는 능력을 키우기 위해 이를 어떻게 활용해야 하는지 알아보자.

감각하기: 내 몸과 가까워지는 시간

감각하기란 몸적 자아에 주의력을 집중하고 몸 안에서 느껴지는 감각을 알아차리는 일이다. 다시 말해 신경계 안에 있는 에너지에 접근하여 그 에너지의 독특한 울림을 체험하는 것이다. 감각하기를 할 때 우리는 근육의 긴장, 가쁜 호흡, 다리 저림, 배의 간질거림과 같은 몸감각을 능동적으로 의식한다. 머리가 묵직하지는 않는지, 어깨가 자꾸 아래로 처지지 않는지, 얼굴이 붉어지거나 목이 메지 않는지 의식한다. 내면에 주파수를 맞추고 몸감각에 집중하면 몸이 내는 소리가 훨씬 잘 들린다. 또한 우리가 관심을 기울인 감각은 새롭게 태어난 양 자꾸 움직이거나 변하려고 한다. 처음 연습할 때는 몸에 접근해서 활기차게 움직이는 감각을 제대로 느끼기까지는 어느 정도 시간이 걸릴지도 모른다. 달리 말하면 느낌보다 생각이 훨씬 빠르게 움직일 수 있다. 하지만 인내심을 갖자. 우리 몸이 에너지를 지닌 한, 몸은 감각이라는 형태로 그 에너지를 분출하기 마련이다.

　다음 소매틱 훈련을 통해 몸적 자아에 귀 기울이는 능력을 키우고, 몸 안에서 울려퍼지는 감각을 알아차리는 기술을 익히자.

잠시 멈추고 감각하기

집중할 수 있는 조용한 장소를 찾는다. 신발을 벗고 바닥에 발바닥을 붙이고 앉는다.

몸과 마음이 진정되면 눈을 감고 호흡에 집중한다. 숨을 코로 들이마시고 입으로 내쉬면서 세 번 깊게 호흡한다.

나에게 평온함과 안전감을 주는 것들을 떠올려본다. 친구, 반려동물, 좋아하는 자연 속 장소도 좋다. 1~2분 정도 마음속에 되새긴다.

다시 호흡에 집중한다. 어떤 느낌이 드는가? 달라진 점이 있는가? 호흡이 안정되거나 깊어졌는가? 아니면 호흡이 가빠졌는가?

호흡을 의식하며 우리 몸과 지금 경험하고 있는 감각으로 주의력을 조금씩 넓힌다. 어떤 느낌이 드는가? 알아차린 몸감각이 있다면 무엇인가? 몸에서 이완된 느낌이 드는 곳이 있는가? 어느 부위가 이완되었는가? 저릿하거나 따뜻한 감각이 느껴지는가? 만약 그렇다면 그 부위는 어디인가? 근육 긴장이나 뻐근함이 느껴지는가? 그렇다면 그 감각은 어디서 느껴지는가?

몸과의 연결을 시도할 때는 하나의 감각을 정해놓고 따라가면서 미묘한 변화를 추적하는 방법이 도움이 된다. 한 번에 하나씩, 각기 다른 감각을 추적하다 보면 연결을 더욱 견고히 할 수 있다. 또한 몸속에서 진동하는 다양한 감각을 알아차리는 능력이 점점 커질 것이다.

팁 몸감각에 접근하기까지는 어느 정도 시간이 걸린다. 이때 특정한 움직임, 생각, 물건 등으로 감각을 자극하는 방법이 도움이 된다. 몸감각을 알아차리는 데 도움이 될 몇 가지 팁을 소개한다.

- 오른팔을 왼쪽 겨드랑이에 놓고, 왼손은 오른쪽 어깨 위로 올려 자기 자신을 꼭 껴안은 듯한 자세를 취한다. 몸을 강하게 끌어안고 부드럽게 미소 지은 뒤 깊게 숨을 쉰다. 잠시 뒤, 팔에 힘을 풀어 양팔을 몸 옆에 늘어뜨린다. 잠시 멈추고 어떤 감각이 느껴지는지 의식한다.
- 왼손을 배 위에, 오른손을 왼쪽 가슴 위에 올려놓는다. 이 자세가 자연스러워지면 마치 아기를 어르듯 몸을 좌우로 흔들어본다. 깊게 호흡한 다음 몸에 주의를 기울인다. 어떤 감각이 느껴지는가? 몸 안에 있는 에너지가 어떻게 움직이고 있는가? 호흡할 때에는 어떤 느낌이 드는가?
- 서로 다른 두 물건을 가져와서 한 손에 하나씩 든다. 오른손에 들고 있는 물건에 주의를 기울여 크기, 무게, 질감을 느낀다. 이번에는 왼손에 있는 물건에 집중하며 크기, 무게, 질감을 느낀다. 이제 두 사물을 비교한다. 두 사물 사이에 차이점이 얼마나 느껴지는가? 비슷한 느낌은 어느 정도인가? 두 사물을 내려놓은 다음 손의 감각에 주의를 집중한다. 어떤 인상이 남았는가? 사물을 들고 있는 동안 양손에 어떤 반응이 나타났는가? 그 외에 어떤 감각이 느껴지는가?

관찰하기: 평가하지 않고 있는 그대로

관찰하기란 자리에 앉아서 주관적 평가를 배제한 채 몸감각을 알아차리는 일이다. 몸 안에서 벌어지는 일들을 외면하지 않고 인지하며 받아들이는 행위다. 몸에서 일어나는 활발한 변화들을 관찰함으로써 지금 이곳에 확실하게 발을 딛고 서서 의미 있는 느낌을 경험할 수 있다. 불쾌하거나 해롭거나 불필요하다는 이유로 감각을 무시하거나 회피하는 사람이 정말 많다. 또는 그 감각이 생긴 이유를 스스로에게 납득시키려고 애쓰기도 한다. 예를 들어 의미 있는 느낌을 경험하다가 목이 뻐근하다는 사실을 의식한 다음, 잠을 잘못 자서 생긴 통증이라고 결론 내리는 경우가 있다. 짐작이 맞을 수도 있겠지만 아닐 가능성도 있다. 관찰하기의 목적은 목에 통증이 왜 생겼는지 밝히는 것이 아니라 목 통증이라는 감각이 있다는 사실을 단순하게 의식하는 것이다. 그 통증이 어디에서 비롯했는지 생각하면 지금 이 순간에서 벗어나게 되고, 통증의 진정한 의미를 통찰할 기회마저 놓치고 만다.

생각하려는 충동이 관찰을 계속하려는 노력을 압도하더라도 스스로를 다그치지 말자. 자연스러운 현상이다. 신경생물학적으로 우리는 뭔가를 평가하거나 이야기를 만들고 과거의 기억을 헤매는 행위에서 벗어나기 어렵다. 이런 충동을 경험할 때에는 나라는 존재는 완벽하지 않고 완벽할 필요도 없다는 사실을 애정 어린 마음으로 되새겨보자. 하룻밤 사이에 몸의 소리 듣기에 익숙해질 수는 없다. 호흡과 몸감각으로 주의력을 조심스럽게 옮겨놓고 자기연민과 인내심을 가지고 연습하다 보면 시간이 지날수록 감각을 관찰하는 능력이 향상될 것이다.

잠시 멈추고 관찰하기

앞서 살펴봤던 '잠시 멈추고 감각하기' 훈련으로 돌아가보자. 감각하기를 시도하고 몸과 연결하는 동안 어떤 감각을 알아차렸는지 살펴보자. 감각이 모습을 드러내면 그것을 관찰한다. 무엇이 느껴지는가? 그 감각은 움직이고 있는가? 강렬해지거나 약해지는가? 색깔, 질감, 크기 등 어떤 특성이 있는가?

감각을 관찰하다 보면 메리가 자신의 감각을 밧줄로 묘사했던 것처럼 어떤 모양 잡힌 이미지가 떠오를지도 모른다. 마음속에 이미지가 떠오른다면 그것을 주의 깊게 살피고 몸이 어떻게 반응하는지 지켜본다. 또한 그 감각으로 말미암아 어떤 반사적 반응이 일어나는지 관찰한다. 감각에 대한 반응으로 다른 새로운 감각이 나타나지는 않았는가? 절망적인 기분에 휩싸여서 훈련을 중단하거나 억지로라도 몸을 움직이고 싶어질 수도 있다. 또는 앞으로 벌어질 일을 걱정하느라 더 큰 불안을 느끼고 있을지도 모른다. 이런 반응이 나타나더라도 일일이 대응하지 말고 그저 관찰한다. 이런 반응은 필연적으로 또 다른 감각들을 불러일으킨다.

시끄러운 머릿속이 조용해질 즈음, 다시 한번 주의력을 몸으로 돌려놓은 뒤 지금까지 한 생각 때문에 나타난 몸의 반응을 의식해 본다. 새롭게 알아차린 감각이 있는가? 생각은 곧 에너지이므로 우리 몸은 활기찬 변화의 힘을 동원해서 생각의 힘찬 박동에 반응할 것이다.

표현하기: 지금 어떤 기분이 드나요?

표현하기란 곧 감각을 묘사한다는 뜻이다. 다시 말해 우리가 경험한 의미 있는 느낌을 관찰한 뒤, 이를 말로 옮기는 일이다. 예를 들어 의미 있는 느낌에 집중하는 동안 목에 덩어리가 얹힌 것 같은 감각을 느꼈다고 가정해보자. 자리에 앉아서 관찰하다 보면 그 덩어리도 어떤 특색을 지니고 있다는 사실이 느껴지기 시작한다. 거친 질감에 탁한 녹색, 아몬드 같은 모양 등등. 메리 또한 배 속에 있는 밧줄이 '파란색'이고 '선상용 밧줄'을 연상시킨다고 말했다. 시간을 들여 관찰할수록 우리가 경험하는 감각은 더욱 세밀하고 구체적으로 모습을 드러낸다. 또한 그 감각이 변하거나 움직인다는 사실을 알아차릴 수도 있다. 관찰한 감각을 세밀하게 표현하면 그 감각과 이어지면서도 적당한 거리를 둘 수 있다. 이로써 활성화된 공포 반응을 자연스럽게 다스리며 감각에 압도되지 않을 수 있다.

감각이 처음으로 모습을 드러냈을 때는 정제되지 않은 상태로, 아무런 목소리도 내지 않는다. 감각이 온몸을 강렬하게 휩쓸면 혼란스럽고 어지러울 수도 있다. 이 경우에는 감각이 주도권을 장악하고 공포 반응을 활성화한다. 우리가 미처 눈치채기도 전에 감각에 휘말려서 감각과 나 자신을 구분할 수 없게 된다. 감각이 곧 내가 되고 내가 공포 그 자체가 되고 만다. 표현하기는 이러한 일이 벌어지는 속도를 늦춰 감각을 하나씩 뜯어볼 수 있도록 한다. 감각을 따로따로 구분함으로써 압도적이고 강렬한 기분을 가라앉히고, 감각과 나 자신을 구분하여 스스로를 감각과 동일시하지 않게 한다. 그저 감각을 경험할 뿐이다. 표현하기를 통해 감각에 대한 주도권을 되찾고 그것과 연관된 생각, 정서, 행동충동을 분석할 수 있다. 이 과정은 감각을 이해하는 데 도움이 될뿐만 아니라 감각에서 얻은 정보를 이용해 불안을 달랠 수 있다.

잠시 멈추고 표현하기

'잠시 멈추고 감각하기' 훈련으로 돌아간다. 감각이 모습을 드러내면 그것을 관찰한다. 우리 몸 안에서 미세하게 변화하고 움직이는 감각의 모습과 다채로운 형태를 의식한다. 계속 관찰하다가 그 감각이 어떤 모습을 띠고 있는지, 나에게 어떤 느낌을 주는지 묘사한다. 괜찮다면 소리 내어 설명해본다. 예를 들어 "종아리에 저릿저릿한 느낌이 든다. TV를 보느라 한 자세로 오래 있었을 때 느낌과 비슷하다" "머리가 뻐근하다. 마치 헬멧을 쓰고 있는 것 같다. 그리고 어깨가 묵직하고 뻑적지근하다. 머리에 쓰고 있는 헬멧을 벗어던지고 싶다"라고 말한다.

감각을 추적하며 감각이 몸속에서 진동하는 독특한 모습을 표현하는 동시에 감각을 향해 질문을 던진다. **감각이 말을 할 수 있다면, 내게 무슨 말을 할까?**

질문에 대한 답이 떠오른다면 입 밖으로 말해본다. 감각을 소리 내어 표현함으로써 그것을 인지할 수 있다. 소리 내지 않고 마음속으로 표현할 때에 비해 아주 색다르고 강렬한 현실감이 느껴질 것이다. 감각을 표현하는 동안에는 다양한 수식어와 이미지들을 조합해본다. 특정한 방향으로 움직이고자 하는 충동이 느껴진다면 그 충동을 소리 내어 묘사한 다음, 끌리는 대로 행동하도록 스스로를 내버려두자. 내가 경험한 감각을 묘사하는 방식에는 옳고 그름이 없다. 옳다고 느껴지는 대로, 이끌리는 대로 경험한 것을 설명하려고 노력하는 그 자체만으로도 의미 있는 느낌의 정수를 제대로 포착한 것이다. 의미 있는 느낌을 정확하게 표현할수록 그 경험을 알아차리는 능력 또한 향상될 것이다.

돌아보기: 나를 더 깊이 이해할 수 있다면

돌아보기란 자리에 앉아서 지금까지 경험한 의미 있는 느낌을 사색해보는 일이다. 호기심을 가지고 감각에 새겨진 메시지를 탐색함으로써 불안을 더욱 깊이 이해한다. 몸의 소리 듣기 훈련을 시작할 때 공포가 불안에 끼치는 영향과 공포의 근원을 이해하기 위해서는 의미 있는 느낌을 익히는 과정이 매우 중요하다.

돌아보기는 얼핏 몸의 소리 듣기의 본래 목적과 상반되는 것처럼 보인다. 돌아보기를 하려면 생각이 필요하고, 생각을 하면 지금 이 순간에서 벗어나기 때문이다. 하지만 몸의 소리 듣기 상태에서 돌아보기를 할 때는 좌뇌와 우뇌 모두를 동원한다. 다시 말해 의미 있는 느낌에서 얻어낸 통찰력을 논리적 사고와 통합시킴으로써 불안에 대해 이전보다 깊고 상세하게 이해하게 된다. 불안 반응을 완화하고 대비하기 위해서 이 과정이 반드시 필요하다. 몸의 소리를 듣는 동안 돌아보기를 진행하면, 당시 우리가 어떤 느낌을 받았고 그렇게 느낀 이유는 무엇인지에 대한 정보를 아무런 왜곡 없이 찾아낼 수 있다. 특정 감각이나 환경적 촉발요인에 반응하는 패턴을 구체적으로 밝힐 뿐만 아니라 촉발요인과 함께 활성화되는 사고방식이나 믿음체계도 알아낸다. 이 과정에서 무엇이 불안을 불러일으키는지, 그 이유는 무엇인지를 비롯한 여러 정보를 얻을 수 있다.

불안의 촉발요인은 우리가 알아차리지 못하는 사이에 불이 붙는다. 불안의 근원인 암묵기억이 무의식 속에 있기 때문이다. 불안 증상이 나타났다는 사실을 인지하기 전까지는 불안하다는 사실조차 깨닫지 못하는 경우가 대부분이다. 이런 경우에는 왜 기분이 나쁜지조차 알지 못해 난감해지기도 한다. 또는 불안의 촉발요인이 무엇인지는 알지만 왜 그것이 불안을 자극하는지는 감이 오지 않을 수 있다. 몸의 소리 듣기 상태에서 돌아보기를 하면 불안의 촉발요인과 그와 관련된 인지과정, 행동 반응을 이해하는 데 필요한 암묵기억에 접근할 수 있다. 그러면 우리가 내려놓지 못하고 있던 핵심 믿음core belief(자기 자신도 의식하지 못하는 자기 자신과 타인, 세상에 관한 아주 깊고 근원적인 수준의 믿음-옮긴이), 불안의 원천과 닿아 있는 그 믿음에 의문을 던질 수 있다.

시간을 내어 돌아본 내용을 꼭 일기장에 기록해보라. 의미 있는 느낌을 관찰하고 소리 내어 표현했던 것과 마찬가지로, 돌아본 것을 종이에 기록하면 머릿속에 담아뒀을 때에 비해 현실감이 훨씬 강력하게 느껴진다. 일기를 쓰면 생각, 믿음, 감정을 있는 그대로 명확하게 받아들일 수 있다. 우리 뇌는 서로 협력하여 일하기 때문에 돌아본 내용을 종이에 적는 동안 새로운 생각과 믿음, 정서들이 줄줄이 모습을 드러낼 것이다. 돌아본 내용을 계속해서 적다 보면 마침내 의미 있는 느낌들이 하나의 유의미한 흐름으로 이어진다. 게다가 펜으로 종이에 일기를 쓰는 행동 자체가 몸과 마음의 협동 작업이기 때문에 불안의 진행 속도가 늦춰지면서 지금 이곳에 머물 수 있다.

잠시 멈추고 돌아보기

의미 있는 느낌을 감각하고, 관찰하고, 표현하는 시간을 가졌다면, 이제부터는 지금까지의 경험을 돌아보자. 먼저 숨을 코로 들이마시고 입으로 내뱉으며 호흡에 집중한다.

발에 집중하여 발바닥에 닿은 지면을 느낀다. 지금 앉아 있는 자리와 등의 느낌을 알아차린다. 의자가 몸을 받치고 있는 느낌을 느낀다. 눈을 뜰 준비가 될 때까지 계속해서 의자에 기대고 있는 몸의 느낌과 호흡에 주의를 기울인다.

눈을 뜬 다음에는 천천히 방 안을 둘러보면서 눈이 불빛에 적응하도록 한다. 그러고 나서 지금 앉아 있는 장소가 어디인지 다시 확인한다. 한동안 감고 있던 눈을 갑자기 뜨면 과한 자극이 느껴질 수도 있는데, 이때 안정될 때까지 원하는 만큼 시간적 여유를 가져도 좋다.

그다음에는 종이와 펜을 준비하여 다음 질문에 답해보자.

- 소매틱 훈련을 하는 동안 어떤 감각을 경험했는가?
- 감각에 대해 어떤 충동이나 반사적 반응이 나타났는가?
- 감각을 의식하는 동안 그 감각은 내게 어떤 메시지를 전달했는

가? 감각이 말을 할 줄 안다면 어떤 이야기를 했을까?

· 여태까지의 감각 경험을 곰곰이 되새기고 있는 지금, 내 마음속에는 어떤 생각·정서·기억이 떠오르는가?

· 지금 떠오른 생각·정서·기억은 내 불안의 근원과 관련하여 어떤 사실을 드러내는가?

· 지금까지 경험한 생각·정서·기억과 관련하여 나는 어떤 믿음을 가지고 있는가?

· 몸감각을 경험하면서 불안한 느낌이 들었는가? 만약 그렇다면 왜일까?

· 몸감각을 경험하면서 편안한 느낌이 들었는가? 만약 그렇다면 왜일까?

· 지금까지 경험한 것들을 돌아보는 동안 내 몸에서 어떤 일이 벌어지고 있는가?

위 질문들은 돌아보기를 거들기 위한 것에 지나지 않는다. 만약 위 질문에서 벗어나 돌아본 내용을 자유롭게 기록하고 싶다면, 몸과 마음이 자연스럽게 흘러가는 대로 따라가라. 이때 떠오르는 생각·정서·기억을 비롯한 다양한 인식과 자유롭게 소통한다면 암묵 기억에도 훨씬 수월하게 접근할 수 있다. 이 과정을 통해서 우리는 무의식 속에 있던 정서적 삶을 의식적 알아차림의 영역으로 가져온다. 그 결과 스스로에 대해서, 그중에서도 자신의 불안에 대해서 더욱 깊이 이해하게 된다.

SOAR 연습은 몸과 마음을 온전히 알아차리기 위한 과정이다. 네 가지 과정을 포함하는 이 연습은 몸의 소리 듣기에 쉽게 익숙해질 수 있도록 차근차근 이끌어주는 안내자다. 이 연습을 통해 우리는 성공적으로 불안을 완화하고 사려 깊은 행동을 취할 수 있다. 비유적으로든 글자 그대로든 SOAR(영어로 '날아오르다'라는 뜻이다-옮긴이) 연습은 불안에서 벗어나 날아오르기 위한 기법이다. 나중에는 공포나 걱정에 휩싸일 때마다 SOAR 연습을 하고 싶어질 것이다. SOAR 연습은 하면 할수록 자연스러워지고 쉬워진다. 절망이나 위압감을 느끼거나 일상적이지만 떨쳐내기 어려운 불안을 경험할 때 SOAR 연습을 하면 우리를 갉아먹는 소음들을 제거하고 몸적 자아의 중심에 훨씬 쉽게 접근할 수 있다. 이 경지에 다다르면, 지금 이 순간에 온전하게 반응하는 능력을 억누르던 불안과 긴장감이 저절로 가라앉는다. 또한 의미 있는 느낌을 깨닫는 직감력과 논리적 사고력에 동시에 접근하여 불안의 근원을 더욱 깊이 탐색하고, 그 근원에 자리잡은 공포를 해소하는 과정으로 나아갈 수 있다. 지금부터 이 과정을 훨씬 쉽게 만들어줄 방법을 살펴볼 것이다. 자기 자신을 좀 더 뚜렷하게 파악하고 불안의 근원에 자리잡은 암묵기억을 명료하게 알아볼 수 있도록, 사람들이 흔히 경험하는 불안의 다양한 원인을 살펴보고 SOAR 연습을 비롯한 소매틱 훈련을 해보자.

3장

나는 왜
몸과 멀어졌을까

몸적 자아는 우리의 몸 그 자체다. 감각 경험 또한 몸을 통해야 비로소 우리에게 전해진다. 우리가 마주하는 모든 순간에 우리 몸 전체를 따라 진동하는 감각들을 어루만지고, 그로 인해 살아 있다는 의미 있는 느낌이 피어난다. 우리가 느끼는 감각에는 지금 이 순간 벌어지는 사건에 대한 정보, 곧 나 자신에 대한 자기감, 타인에 대한 감각, 주변 환경에 대한 감각이 들어 있다. 더불어 감각은 감정·생각·믿음을 활성화하고, 우리의 지각과 행동에 정보를 전달한다. 잠시 하던 일을 멈추고 눈을 감아보자. 몸이 지면에 닿아 있는 감각이 느껴지고 몸을 이전보다 잘 알아차릴 때까지 호흡에 집중한다. 이제 마음 깊이 사랑하는 누군가, 예를 들어 친한 친구나 좋아하는 사람이 미소 짓는 모습을 떠올려보자. 그 사람을 생각할 때 몸에 어떤 느낌이 드는가? 몸이 어떤 반응을 보이는가? 어떤 감각을 알아차렸는가? 웰빙이나 따스한 감각, 또는 그 사람이 내 인생의 일부로 존재한다는 안도감 등을 경험했는가? 마음속에 어떤 생각이나 기억이 떠오르는가? 그 사람을 떠올리는 동안 어떤 충동이 뒤따르지는 않았는가? 예를 들어 얼굴에 환한 미소가 떠올랐을 수도 있고, 당장이라도 전화를 걸고 싶다는 생각이 들거나 그 사람을 끌어안고 싶어질지도 모른다.

친한 친구에 대한 경험은 그 사람과 함께 있거나 그 사람을 생각할 때 우리 몸이 받는 느낌을 통해서 그 사람이 우리에게 어떤 의미인지 인지하는 대표적인 경우다. 누구나 머리로는 친한 친구란 삶에 기쁨과 의미를 가져다주는 중요한 사람이라는 사실을 알고 있다. 하지만 내가 **나의** 가장 친한 친구를 머릿속에 떠올릴 때면 나는 그가 내게 주는 독특한 느낌을 통해 그 친구 개인의 가치를 진정으로 깨닫는다. 우리의 몸적 자아에 생생하게 전해지는 감각을 통해서 그 사람이 내게 진정으로 소중한 존재라는 사실을 확인하는 것이다. 그 감각이 지닌 정보들은 내가 그 사람을 사랑한다는 사실을 알려줄 뿐만 아니라, 그 사람을 사랑하는 모든 이유를 몸에 연결해준다. 삶과 인간관계를 꾸려나가려면 다른 모든 감각과 마찬가지로 이 감각 또한 꼭 필요하다. 그리고 우리의 감정·생각·행동 패턴을 이해하는 데에도 반드시 필요하다.

친한 친구와 연관된 생각과 감각을 파악했다면 똑같은 방법으로 불안과 관련된 생각과 감각도 알아낼 수 있다. 몸과 감각을 연결하는 능력을 키우고 그 감각들이 흘러갈 수 있도록 길을 터준다면 불안에 관해 더욱 깊이, 제대로 이해할 것이다. 그리고 나면 이 정보들을 이정표로 삼아서 열린 마음으로 삶을 대하지 못하게 방해했던 정서적 고통과 공포를 치유할 수 있다.

안타깝게도 우리 중 대다수는 몸을 무심하게 대해왔다. 긍정적인 감각조차 알아차리지 못하는 일도 많다. 이 와중에도 몸을 알아차리는 경우는 대체로 공포, 무력감, 분노, 실망, 슬픔과 같은 강렬한 정서가 흘러넘쳤기 때문이다. 이 정서들은 모두 불쾌하기 때문에 우리는 즉시 주의를 분산시키고 감각을 차단하는 방법으로 이 감정을 감당하려고 애쓴다. 그 결과 큰 감정들을 능숙하게 다룰 수 없게 되었을 뿐만 아니라 감각의 미묘하고 섬세한 울림마저 낯설어졌다. 몸의 감각들이 우리에게 삶을 헤쳐나갈 길을 알려주고 있다는 사실을 깨닫지 못한 채 불안을 끌어안고 있는 것이다.

대부분의 사람은 불편하고 압도적인 감정을 다스리기 위해 몸과의 연결을 의도적으로 차단한다. 하지만 가끔은 의식적인 노력 없이 자동으로 접속이 끊기기도 한다. 이러한 현상을 임상 용어로 **해리**dissociation라고 하는데, 종종 몽롱함·무감각·무심함·단절감 등의 느낌으로 나타난다. 해리가 발생하면 고통에 빠진 정서, 감각, 몸은 제 기능을 온전하게 보호하기 위해서 의식적인 알아차림으로부터 멀리 떨어져나간다. 때로는 해리 현상이 너무 완벽하게 일어난 나머지 몸적 자아와의 연결이 끊어져 있다는 사실을 전혀 알아차리지 못하기도 하고, 때로는 희미하게나마 단절을 감지한다. 뭔가 **사라졌다는** 느낌이 들거나 공포나 근심처럼 당연한 감정들이 느껴지지 않는다는 사실을 어렴풋이 깨닫는 것이다.

감정의 빈자리에는 공허하고 멍한 기분이나 정서적·신체적 무감
각이 채워진다.

몸과의 단절을 단순히 어떤 일이 벌어지더라도 반응하지 않
는 상태라고 착각하며 해리를 경험하면서도 이를 합리화하기 쉽
다. 평정심이나 체화된 감정feeling embodied과 해리 현상의 차이를
파악하는 데에는 시간이 걸린다. 우리는 소매틱 훈련을 통해 이
차이를 구분하는 능력을 키울 것이다. 해리는 우리 의지로 나타
나는 현상이 아니며, 우리 몸이 정서적 스트레스를 이겨내고 스
스로를 보호하기 위해서 만들어낸 현상이다.

저절로 일어났든 의도적으로 유도했든, 몸과의 단절이 무조
건 나쁜 것만은 아니다. 조금은 모순적으로 들리겠지만, 상황을
객관적으로 바라보면서 명료하게 생각하고 사려 깊은 행동을 하
는 능력을 방해하는 감정들로부터 벗어나려면 단절이 효과적일
수 있다. 살다 보면 종종 감당하기 어려울 정도로 큰 정서적 스트
레스와 마주하는 순간이 있다. 이런 경우 몸이 지금 이곳에 머무
는 동시에 심리적 안전성을 유지하기 위해서는 좌뇌와 하나로 묶
여 있는 우뇌의 고삐를 풀어야 한다. 마치 폭풍을 무사히 지나 보
내고 먼지가 가라앉을 때까지 자율주행 모드를 가동하는 것과 같
다. 그 뒤로 일상으로 돌아가면 이전보다 훨씬 더 삶에 몰입할 수
있다. 문제는 폭풍이 지나간 뒤, 몸에 다시 주의를 기울이지 않거
나 그 상황 또는 주변 환경이 우리에게 어떤 영향을 끼쳤는지 분

석할 수 없을 때 생긴다. 힘든 시간은 무사히 지나갔을지 모르지만 경험은 몸의 암묵기억 속에 고스란히 남는다.

우리의 목표는 신경계를 조절하여 불안을 전반적으로 완화하는 것이다. 그리고 몸적 통합과 회복탄력성을 키워서 치솟은 공포같이 강렬한 정서 반응을 견디는 능력을 키워야 한다. 이때 몸의 소리 듣기가 도움이 된다. 공포나 스트레스를 경험하는 동안 감각이 체화되었든 차단되었든, 불안을 해소하기 위해서는 몸의 소리에 귀를 기울이며 당시 경험을 돌아보는 행동이 반드시 필요하다. 시간을 들여 몸의 목소리를 다시 경청하면 공포를 느꼈던 과거에 각인된 암묵기억에 접근할 수 있다. 당시 사건이 우리에게 끼친 정서적 영향력을 이해하고 그 정보를 현재의 몸적 알아차림과 통합시킬 수 있다. 더불어 몸과 마음에 남아 있는 모든 부담과 불편함을 가라앉혀 신경계가 안정된다. 몸이 조절되면 생각이 명료해지고 기분도 훨씬 가벼워진다. 만약 몸의 소리 듣기를 간과한다면, 신경이 계속 곤두서 있어 극도로 예민하고 불안한 상태가 지속될 것이다. 또한 공포 반응에 대한 큰 통찰을 얻을 기회, 곧 돌아보기라는 귀중한 기회마저 놓치고 만다. 그럼에도 짬을 내어 자리에 앉아 몸의 소리에 귀 기울이기를 소홀히 하는 사람이 정말로 많다. 나의 내담자 토머스가 완벽한 사례다.

토머스는 불안 조절에 관해 조언을 얻기 위해서 나를 찾아왔다. 그의 불안 증상은 그가 직장에서 어떤 사건을 겪고 공황발작을 일으킨 뒤부터 시작되었다. 토머스는 대기업의 고위간부로 일하고 있었다. 그가 경영진으로서 맡은 수많은 직무 중에는 고용인 해고라는 어려운 과업도 있었다. 지난 몇 년 동안 토머스는 수많은 사람에게 충격적인 소식을 전달하느라 미국 전역을 누볐다. 토머스는 "업무일 뿐 개인 감정은 없으니까" 별다른 어려움 없이 해고 통보를 할 수 있었다고 말했다. 하지만 최근에 고용인에게 해고 사실을 통보한 뒤 호텔 방으로 돌아온 그는 몸이 떨리고, 호흡이 빨라지고, 어지럼증을 느꼈다. 난생처음으로 공황발작을 경험한 것이다. 공황은 가라앉았으나 그때부터 토머스는 지속적으로 낮은 강도의 불안을 느끼고 있었다.

공황발작과 그 뒤로 계속된 불안의 유력한 원인을 찾으면서 나는 토머스에 관해 점점 잘 알게 되었다. 그는 성정이 아주 상냥하고 부드러운 사람이었다. 그는 존재감, 확고한 자신감, 뛰어난 비즈니스 감각처럼 조직에서 활약하는 데 유리한 면모를 분명히 갖고 있었다. 하지만 그 반대편에는 눈에 띄게 뛰어난 공감능력, 연민과 같은 풍부한 감수성이 있었다. 그렇기에 나는 지난 수년간 셀 수도 없이 많은 사람을 해고하면서도 힘들지 않았다는 그의 말을 받아들이기가 어려웠다. 토머스처럼 마음씨가 따뜻한 사람이 정서적 상처를 입지 않고 타인을 쉬이 해고할 리가 없었다. 나는 그에게 많은 사람을 해고하면서 받은 정서적 충격이 그의 몸에 누적되어 있을 가능성을 염두에 두자고 말했다. 마음 한구석으로는 해고 통보가 당사자의 삶에 얼마나 날벼락 같은 일일지 두려워하면서도, 막상 자신이 할 수 있는 일이 없기 때문에 이 공포를 제대로 느끼거나 생각해볼 틈을 주지 않았을 수 있다고 말이다. 토머스는 조금은 걱정하면서도 고개를 끄덕였다.

먼저 나는 토머스에게 호흡에 주의를 기울이라고 말했다. 이어서 몸적 알아차림을 몸의 나머지 부위 전체로 확장하여 몸속에서 진동하는 다양한 감각을 연결해보라고 지시했다. 그러고는 공황발작이 나타나기 전, 그러니까 직장에서 직원에게 해고 사실을 알렸던 순간을 떠올리게 했다. 그는 눈을 감은 채 해고를 통보했던 방을 묘사했다. 당시 시각정보를 마음속에 되살리자 그의 몸이 떨리기 시작했다. 토머스는 금세 눈을 뜨더니 몸이 떨리는 이유를 늘어놓았다. "아침에 커피를 좀 많이 마셨나 봐요. 지난밤에 잠을 제대로 못 잤거든요." 내가 답했다. "그럴 수도 있겠네요. 하지만 아직 시간이 남았으니, 방금 묘사한 방의 모습과 몸의 떨림 사이에 관련이 있을 수 있다는 점도 염두에 두면 어떨까요? 원한다면 눈을 뜨고 시도하셔도 좋습니다. 그편이 조금 더 편안하게 느껴질지도 모르니까요." 그는 조심스럽게 동의했다. 이번에는 눈을 뜬 채 당시 기억을 떠올렸다. 곧바로 떨림이 시작되었다. 역시나 토머스는 서둘러 대화를 시도하며 감각(우뇌의 작용)에서 도망쳐 생각(좌뇌의 작용)으로 숨었다. 불쾌한 감각이 느껴지기 시작할 때 몸에서 멀어지려고 하는 듯한 그의 행동을 짚어주었더니 그는 고개를 끄덕이며 인정했다. "이 느낌이 싫어요. 통제할 수가 없거든요."

몸과 마음이 멀어지는 이유

우리가 대체로 그렇듯, 토머스도 몸에서 느껴지는 불편한 감각을 통제할 수 없다는 사실에 힘겨워했다. 평소 느끼고 있다고 생각했던 감각과 정반대였기 때문에 이를 어떻게 받아들여야 할지 혼란스러워했다. 그는 회사에서 일하던 직원들을 해고하는 일이 힘들지 않다고 '생각하고' 있었다. 하지만 그의 몸은 이 문제를 아주 힘들다고 '느끼고' 있었다. 다시 말해 해고 통보는 실제로는 그를 고통스럽게 했다. 몸과 생각 사이의 이 불협화음을 감당하기 위해서 토머스는 몸의 감각을 잘라냈다. 그러고는 모든 일을 납득할 수 있는 곳, 이성과 사고를 흐트러뜨리는 정서적 괴로움이 존재하지 않는 곳, 곧 생각 속에 머무르기를 택했다.

정도는 다르지만 사람은 모두 불편한 감정을 다스리기 위해 토머스와 같이 행동한다. 다시 말해 이해할 수 없거나 압도적인 감정을 덜어내기 위해 몸과 거리를 둔다. 예를 들어 불안으로부터 주의를 분산시키기 위해 기나긴 '해야 할 일 목록'을 작성하는 행동에는 실제로 몸과의 연결을 차단하는 효과가 있다. 하지만 생산적인 일을 했다는 점에서 약간의 위안을 얻을지는 몰라도 몸이 여전히 공포를 붙잡고 있는 이상 불안은 완전히 사라지지 않는다. 그 외에 자주 사용되는 전략 중에는 지각을 재구성하여 만사를 긍정적으로 보는 방법이 있다. 몸의 경험을 부정하는 지능적 행동이다. 이럴 경우 현실을 더 정확히 파악하고 희망을 가질 수 있지만, 몸이 여전히 공포를 붙잡고 있기 때문에 불안은 보이지 않는 곳에서 계속 흐른다.

불안을 다스리려는 이 전략들이 마냥 나쁜 것만은 아니다. 불안을 완화하고 역량을 강화하는 효과가 있기 때문에, 때에 따라서는 오히려 이 전략을 권하기도 한다. 하지만 몸의 소리를 듣고 몸을 살펴서 과거가 새긴 상처를 이해하고 포용하지 않는다면 결국 몸적 단절을 되돌릴 수 없다. 따라서 불안을 외면해서 얻은 안도감은 일시적일 뿐이다. 몸은 우리가 마침내 그 외침을 들을 때까지 목소리를 높일 것이다.

유년기와 불안의 상관관계

우리는 신경생물학적으로 위압감을 느낄 때 심리적 안전성을 유지하기 위해 몸과의 연결을 차단하도록 만들어졌다. 그렇지만 연결이 끊어진 상태 그대로 살아갈 수는 없다. 사실 자연 속에서 인류는 몸에 전달되는 감각신호를 기민하게 사용하도록 진화했다. 주변 환경에서 오는 안전, 위험, 위협과 관련한 징후를 포착하기 위해서다. 감각은 정서적·신체적·심리적 생존을 위해 반드시 필요하다. 그렇다면 우리가 이토록 필수적인 감각정보들과 몸적 자아로부터 멀어진 이유는 대체 무엇일까?

이 질문의 답을 찾기 위해 우리는 몸적 시각을 사용하여 자아 형성기 시절 몸에 기록된 암묵기억을 자세히 들여다볼 것이다. 이는 몸의 정서적인 삶을 부정하고 불편한 감정을 차단하려는 습관을 이해하는 데 도움이 된다. 또한 과거의 정서적 경험을 감당하기 위해 어떤 방법을 체득해왔는지 확인할 수 있다. 암묵기억은 지금도 계속 인생 전반의 경험들을 활발하게 수집한다. 그중에서도 생애 초기에 발생한 암묵기억은 스트레스 상황에서 활성화되는 대응기제에 관해 많은 것을 알려준다. 더불어 이 기제는 현재 느끼는 공포와 불안에 끼치는 영향력에 대한 핵심 정보를 끄집어낸다.

신경생물학적으로 보자면, 어린아이들은 주변을 경험하고 해석할 때 주로 감각과 정서를 사용한다. 사고력이 아직 미숙하기 때문이다. 아이의 작은 신경계는 자신이 경험한 지나치게 강렬한 정서를 다 담아내지 못한다. 양동이에 든 물을 아주 작은 컵에 쏟아붓는 광경을 떠올려보라. 마찬가지로 어린아이의 신경계는 어른이 곁에서 상황을 설명해주고 이해시켜주지 않는다면 커다란 감정이 가져오는 정서적 부담을 감당하지 못한다. 아이의 정서적 자아를 보듬으며 상황을 납득시켜줄 어른이 없거나 아이 곁에 있는 어른이 외려 평정을 잃고 허둥거린다면 아이는 오롯이 혼자힘으로 큰 감정들을 감당할 방법을 찾아야 한다. 몸과의 연결을 차단하거나 주의를 분산시키는 행동은 감정의 홍수 속에서 평정을 되찾기 위한 최선의 선택이다. 이런 유년기 경험은 몸속 깊은 곳에 단단히 얽혀 있어 감정의 파도를 조절해야 할 때 가장 먼저 발동하는 기본 기제로 자리잡는다. 그리고 이 경험은 어른이 되고 나서도 공포나 스트레스를 느끼는 순간마다 불쑥불쑥 모습을 드러낸다. 어른이 되면서 쌓은 삶의 경험과 통찰력을 바탕으로 이성적인 지각을 구축했으면서도, 뭔가 나쁜 일이 벌어질지도 모른다는 비이성적 공포에서 아직 벗어나지 못하는 이유가 바로 이것이다. 무의식적 기억 체계 깊은 구석에 저장된 이 기억은 과거와 유사한 상황을 알아보고 그 상황으로 인해 생긴 감정을 어떻게 다스릴지 알려주는 낡은 사용설명서다.

또한 어린 시절 주변 어른들이 불안에 대처하는 수단으로 연결을 차단하거나 주의를 분산시키는 방법을 사용했다면, 그 어른의 행동을 관찰한 우리의 어린 몸과 마음도 똑같은 지침을 새겨뒀을 가능성이 크다. 어린아이들이 두렵고 혼란스러운 정서를 경험할 때는 보통 자신의 삶에서 중요한 어른들에게 의지하여 도움을 받기 때문이다. 지금부터는 내가 인생의 주 양육자로부터 어떤 대처 전략을 전수받았는지, 그 전략이 나의 불안에 어떤 영향을 끼쳤는지 탐구할 것이다. 또한 그 주요 대처 시스템이 삶의 중대한 사건에서 어떻게 모습을 드러냈는지 살펴볼 것이다. 이 과정을 통해서 공포 반응을 한층 깊이 이해할 수 있다. 먼저 주변 환경에 대한 나의 정서적 반응에 호기심을 갖고 가볍게 귀를 기울이면서 스스로에게 질문해보자. **이런 반응이 나타나는 이유가 뭘까? 이 반응은 어디에서 비롯했을까? 만일 내가 다르게 반응한다면 어떤 일이 벌어질까?**

다시 토머스의 이야기로 돌아가서, 왜 그가 몸적 연결을 차단하게 되었는지, 직원을 해고할 때마다 느꼈을 괴로움을 어떻게 몸에서 떼어냈는지 자세하게 살펴보자. 토머스는 애정 표현에 인색하고 감정을 거의 드러내지 않는 가족들 사이에서 자랐다. 애정이 담긴 스킨십이나 포옹을 하는 일이 없었고 대화 역시 많지 않았다. 저녁식사 시간에는 침묵만이 흘렀다. 부모는 아들의 학교생활이나 교우관계, 속생각에 대해 거의 질문하지 않았다. 토머스의 성적에만 관심을 가졌으며, 그들 눈에 그의 성과는 항상 부족하게만 보였다. 이 때문에 토머스는 고통, 절망, 무력감을 자주 느꼈다. 그럼에도 토머스는 부모님을 사랑한다고 말했다. 부모가 충실하게 제공해준 물질적 지원에 고마워하며, 그들이 최선을 다해 자신을 돌봤다는 사실 또한 알고 있다고 했다. 그러나 몸의 소리 듣기를 진행하는 동안 그는 부모의 사랑과는 별개로 애정 표현의 결핍이 내면 깊은 곳에 상처를 남겼다는 사실을 깨달았다.

어느 날 토머스는 몸의 소리에 귀를 기울이다가 갑자기 어릴 적 친구 집에 놀러 갔던 일을 떠올렸다. 친구의 아버지와 어린 동생들이 신나게 바닥을 구르면서 레슬링을 하고 있었다. 토머스는 그 장면을 보면서 '내가 원했던 게 바로 이거구나. 가족이란 이런 거구나'라고 생각했던 기억을 떠올렸다. 이 기억은 물밀듯 밀려오는 감정과 의미 있는 알아차림을 촉발했다. 토머스는 어릴 적의 냉랭한 정서적 온도가 그에게 영향을 끼쳤으며, 애정 어린 스킨십과 타인과의 정서적 교류를 지속적으로 갈구해왔음을 알아차렸다. 이런 갈구와 부모를 만족시키기 위한 노력이 실패로 돌아갔을 때 느꼈던 상처와 절망을 감당하기 위해 그는 스스로 주의를 분산시키며 스포츠와 학업에 몰두했다. 하지만 당시에는 자신이 무슨 일을 하고 있는지 의식하지 못했고 집안의 정서적 분위기에 무의식적으로 적응하고 있다는 사실도 몰랐다. 성인이 되어서도 토머스는 이 적응 방식을 그대로 지니고 있었다.

상담을 진행하면서 토머스는 자신의 타고난 본성, 곧 스스로의 감정은 물론이고 타인의 감정까지도 예민하게 느끼는 풍부한 감수성과 직면했다. 또한 어린 시절 자신의 중요한 정서적 욕구가 충족되지 않았다는 점, 정서 경험을 이해하고 다스리는 방법을 제대로 배우지 못했다는 사실도 깨달았다. 고통과 혼란을 헤쳐나가기 위해 그의 어린 몸과 마음이 할 수 있는 유일한 일은 몸적 단절뿐이었다. 느끼지 않으면 괴로울 일도 없기 때문이다. 해고 통보가 당사자의 인생을 파괴할 수도 있다는 점을 알면서도 망설이지 않고 그들을 내칠 수 있었던 것 또한 바로 이 대처법 때문이었다. 심장을 갉아먹는 감각을 차단해버렸기 때문에 자신의 행동을 합리화하면서 사적인 감정으로 하는 일이 아니라고 되뇔 수 있었다. 하지만 몸과 마음의 연결을 차단하려고 갖은 노력을 했음에도 직원 해고라는 경험은 매번 암묵기억 안에 얽혀 들어갔다. 그러다가 결국은 몸적 자아가 내 목소리를 들어달라고 비명을 질렀던 것이다. 토머스는 몸의 소리 듣기를 통해 불안을 줄이고 몸의 소리를 침묵시키지 않고서도 실행할 수 있는 대처 기술을 익혔다. 이로써 몸의 소리를 외면하는 대신에, 몸에서 시작해 마음까지 이어지는 연결을 굳힐 수 있었다.

몸적 자아에 다시 다가가기

지금부터 몸적 자아와 다시 연결하고 SOAR 기법에 익숙해지는 데 도움이 될 연습 몇 가지를 소개할 것이다. 처음에는 이 연습을 하며 불편감이 느껴질 수 있다. 어색하고 생소한 감각 경험에 감정이 동요하기도 하거니와 애초에 몸과의 연결을 차단한 이유가 있기 때문이다. 불쾌하고 힘든 느낌이 싫겠지만 감정은 우리를 파괴하지 못한다. 오히려 감각이 지닌 정보에는 엄청난 치유력이 있다. 또한 몸의 소리 듣기를 통해 몸이라는 고향으로 돌아오면 나쁜 감각을 외면하느라 놓치고 있던 수많은 멋진 감각과 다시 연결되는 놀라운 경험을 맛볼 수 있다. 연습에 익숙해지기까지는 시간이 걸리지만, 부디 인내심을 가지기 바란다.

호흡하기: 일단 숨을 쉴 것

호흡하기breathing는 불안 해소에 필수 요소다. 몸이 두려움이나 걱정을 느낄 때는 호흡이 얕고 받아진다. 종종 가슴이 뻐근해지면서 숨을 깊이 들이쉬기가 어렵거나 심장박동이 빨라지기도 한다. 불안을 느끼면 교감신경계가 활성화하면서 몸이 생존 모드에 돌입하기 때문이다. 불안한 사람에게는 얕은 호흡이 일상적인 호흡 패턴으로 자리잡을 수 있다. 이 경우 불안이 얕은 호흡을 촉발하고, 다시 얕은 호흡이 불안을 가중시키는 악순환에 빠진다(불안이 느껴지지 않는 순간이라도 교감신경계가 작동하기 시작하면 불안해질 수 있다. 이는 각성 상태에서 나타나는 생리적 변화와 불안할 때의 생리적 변화가 같기 때문이다. 실제로 얕은 호흡은 아주 빠른 속도로 생리적 불안 증상을 만들어내거나 불안을 가중시키기도 한다). 이 굴레에서 벗어나려면 집중적인 호흡 훈련을 통해 부교감신경계를 동원해야 한다. 호흡을 조절하고 몸을 평온한 상태로 돌려놓는 데 도움이 된다.

또한 얕은 호흡은 몸적 단절의 원인이 될 수도 있다. 몸을 따라 흐르는 숨길이 방해를 받으면 에너지의 흐름 또한 위축되고 감정의 폭이 좁아진다. 여기에는 이유가 있다. 몸이 위험이나 위협으로부터 스스로를 지키기 위한 대책을 마련할 때는 감정을 적게 느끼는 편이 유리하기 때문이다. 하지만 얕은 호흡이 일상적인 패턴으로 자리를 잡고 나면 이 호흡이 불편한 감각이나 그와 관련된 정서 또는 사고방식에 대처하는 습관으로 굳어질 수 있다. 호흡하기 연습을 하다 보면 그동안 외면하려고 애써왔던 감각과 연결되면서 불안을 경험할 수도 있다. 그럴 때는 호흡하기를 잠시 멈추고, 다음 순서에 소개할 '자원 활용하기'와 '주변 살피기' 연습을 해보자. 현재로 돌아와 신경을 진정시키는 데 도움이 된다.

호흡 되살리기

조용한 장소를 찾아 바닥에 카펫이나 매트, 수건 등을 깔고 편안하게 눕는다.

무릎을 굽히고 허리에 힘을 줘서 바닥 쪽으로 누른다. 발을 30센티미터 정도 벌린 채 발바닥을 바닥에 단단히 붙인다.

손에 연민의 감정을 담아서 한쪽 손을 왼쪽 가슴 위에 올리고, 다른 쪽 손은 배 위에 올려 숨 쉴 때마다 배가 오르내리는 감각을 느낀다.

코로 부드럽게 숨을 들이마셨다가 입으로 내쉰다. 들이마실 때는 갈비뼈와 배를 완전히 부풀리고 내쉴 때에는 조여준다. 억지로 깊이 호흡할 필요는 없다. 자연스러운 심호흡이 가능하다면 그대로 유지하라. 무리해서 심호흡을 할 경우에는 불안이 찾아올 수도 있다. 내쉬는 숨은 몸의 이완을 촉진하므로 반드시 숨을 끝까지 내쉰다.

이 소매틱 훈련을 진행하다 보면 자연스럽게 호흡이 깊어지면서 규칙적인 흐름을 되찾을 것이다. 몇 분간 호흡을 계속하다가 준비가 되면 SOAR 연습을 시작한다. 감각하고, 관찰하고, 표현하고, 돌아본다.

이 호흡법을 의자에 앉아서 연습해도 좋다. 바닥에 누워 시작하는 이유는 몸이 받는 중력을 줄이고 등에 안정감을 주기 위해서다. 배와 가슴에 몸의 긴장이 몰리는 경우가 많은데, 바닥에 누우면 이 부위를 바르게 펴고 이완할 수 있다.

자원 활용하기: 나는 혼자가 아니다

자원resource(태도·지식·기술·행동·경험·소유물 등 변화와 치유, 긍정적인 경험에 도움이 되는 모든 대상을 일컫는다-옮긴이) 활용하기란 안전감·효능감·평온함·낙관 등 긍정적인 감각을 자아낸 다음, 몸을 진정시키기 위한 감각들에 집중하는 활동이다. 자원 활용하기는 불안감에서 주의력을 의식적으로 떼어내어 웰빙의 감각 쪽으로 향하게 함으로써 신경계가 스트레스 조절 요령을 익히도록 한다. 또한 회복탄력성을 촉진하여 수월하게 위압감을 견디고 역경을 극복하게 한다. 자원의 예로는 소중한 사람, 반려동물, 좋아하는 장소에 대한 애틋한 기억을 들 수 있다. 춤추기, 음악 듣기, 재능이나 열정 드러내기 등 더욱 활동적인 행동도 자원이 될 수 있다. 힘든 감정을 가라앉히고 몸을 건강하고 조화로운 본래 상태로 되돌릴 수만 있다면 무엇이든 자원이 될 수 있다. 다음은 내담자들이 큰 효과를 보았던 자원 활용하기 연습이다. 이 연습이 당신에게도 도움이 된다면 정말 좋겠다. 만약 효과를 보지 못했다면, 평정을 찾는 데 도움이 될 나만의 자원을 찾아서 불안을 비롯한 불편한 감각이 찾아왔을 때 활용해보자. 몸과 마음이 차분할 때 시도해봐도 좋다. 미리 연습해두면 진짜로 스트레스가 찾아온 순간에 훨씬 강력한 효과를 볼 것이다.

소중한 사람 떠올리기

방해받지 않는 조용한 장소에 자리를 잡는다.

몸과 마음이 진정되면 눈을 감고 호흡에 주의를 기울인다. 숨을 코로 들이마시고 입으로 내쉬면서 세 번 깊이 호흡한다.

가장 친한 친구, 사랑하는 사람, 동경하는 누군가를 떠올린다. 그 사람의 생김새, 헤어스타일, 옷차림, 미소를 상세히 묘사한다. 그 사람의 눈동자를 머릿속에 그리면서, 두 눈을 들여다보면 무엇이 보일지 상상한다. 목소리와 웃음소리는 어떤지 생각해본다. 그 사람의 사소한 버릇, 독특한 손동작, 걸음걸이, 말투를 떠올린다.

이 과정에서 그 사람과 나눴던 즐거운 농담이나 어떤 기억이 마음속에 떠오를지도 모른다. 즐거운 마음으로 이 추억들을 감상하면서 몸에 나타나는 모든 반응을 받아들인다. 예를 들어 나도 모르게 얼굴에 미소를 띠고 있다면, 마음껏 미소 지어라. 갑자기 웃음이 터진다면 그 또한 좋다.

마지막으로, 가장 소중한 그 사람을 떠올리면서 자리에 앉아 SOAR 연습을 시작한다.

그라운딩: 두 발로 단단히 버티기

그라운딩grounding이란 발바닥이 지면에 닿아 있는 촉각에 주의를 기울이는 활동이다. 이로써 몸과 지면 사이의 간격을 좁혀 안정감과 안전감을 얻을 수 있다. 불안할 때 우리는 '공중에 붕 뜬 느낌'이나 '바닥에 발이 닿지 않는 기분'을 느낀다. 불안이 주의를 머리 쪽으로 집중시켜 지면은 물론 몸에서도 멀어지게 만들기 때문이다. 그라운딩은 정신을 몸에 단단히 고정하고 몸이 지닌 모든 감성sensibility(이 감성은 타고나는 것으로 대개 무의식적으로 일어나며, 삶과 일상을 꾸려나가는 데 도움을 준다)과 다시 연결되는 훈련이다. 몸을 살피고 몸과 지면 사이의 단단한 연결에 주의를 집중하면 지금 이 순간에 두 발을 딛고 설 수 있다. 또한 힘, 안정감, 회복탄력성을 느끼면서 '양발로 버티고 선 느낌'과 '휘둘리지 않는 기분'을 얻는다. 그라운딩은 불안으로 인한 괴로움이나 무력감을 즉각적으로 덜어내는 데 매우 효과적이다. 직장에서 의자에 앉아 있을 때나 장을 보고 계산대 앞에서 차례를 기다릴 때, 발과 바닥 사이의 접촉면을 의식하는 간단한 방법만으로도 그라운딩을 할 수 있다. 발바닥에서 전해지는 감각에 주의를 기울이고 발과 지면 사이의 연결을 느끼면서 몸이 다시 차분해진다.

발바닥의 촉감 찾기

방해받지 않는 조용한 장소에 자리를 잡는다. 양발 사이 간격을 30 센티미터 정도 벌리고 선다.

상체를 지면과 가까워지도록 천천히 앞으로 숙인다. 가능하다면 손가락으로 바닥을 짚는다. 무릎은 살짝 굽힌다. 손에 체중이 실리거나 몸이 앞으로 기울지 않도록 주의한다. 체중은 전부 발에 싣는다. 머리는 툭 떨구듯 힘을 풀고, 머리 무게로 척추를 가볍게 편다.

숨을 참지 않도록 의식하면서 코로 들이쉬고 입으로 내쉰다. 이 자세가 편안하게 느껴질 때까지 유지한다.

이제 척추를 하나씩 차례대로 움직여 몸을 천천히 일으킨다. 바르게 선 다음, 세 번 느리게 호흡한다.

무릎은 살짝 구부리고, 양손을 가볍게 주먹 쥐어 손가락 마디가 안쪽을 마주 보도록 하여 허리의 오목한 부위에 가져다 댄다.

어깨뼈를 가운데로 모으면서 오리처럼 가슴, 배, 엉덩이를 앞으로 쭉 내민다.

갈비뼈와 배를 완전히 부풀렸다가 그 안에 있는 모든 긴장을 내려놓으면서 세 번에 걸쳐 숨을 깊이 들이마시고 완전히 내쉰다.

이 자세가 조금 부담스러울 수도 있다. 하지만 한껏 스트레칭했던 자세를 풀고 나면 근육 안에 남아 있던 긴장감도 풀렸음을 깨달을 것이다. 편안해질 때까지 자세를 유지하다가 이완한다.

마지막으로 의자에 앉아서 몸의 소리에 귀를 기울이고 SOAR 연습을 시작한다.

주변 살피기: 눈앞에 보이는 것에 집중할 것

주변 살피기orienting는 주변 공간에 주의를 집중하면서 그 공간 안의 다양한 특성을 모두 의식하는 활동이다. 모든 동물은 안전, 위험, 위협을 감지하기 위해서 본능적으로 외부 환경을 살핀다. 인간도 예외는 아니다. 그러나 인간의 일상은 너무 바빠서 걸음을 멈추고 주변을 의식하기가 어렵다. 게다가 불안할 때는 주변 환경에서 불안을 떠올리는 요소만 집중적으로 살피게 된다. 위험한 순간일지도 모른다는 믿음에 뒷받침이 될 만한 증거를 일부러 찾아다니는 것이다. 심지어 주변이 안전하다는 증거를 발견했으면서도 믿지 않는 경우도 있다. 이 경우 불안은 멈추기는커녕 오히려 점점 커지며, 주변 공간을 인지하고 환경에서 얻은 정보를 이용해 신경계를 조절하려는 인간의 본능을 발휘하지 못한다. 주관적 판단을 배제한 채 주변 공간을 있는 그대로 주의 깊게 살핀다면 공간이 지닌 본래의 속성이 자연스럽게 신경을 가라앉히고 당신은 지금 이곳으로 돌아올 것이다.

공간 인식하기

이 연습은 언제 어디서든 시도할 수 있다. 호흡에 집중한 다음, 이어서 주의력을 몸으로 옮긴다. 이때 몸에서 느껴지는 다양한 감각을 주의 깊게 살핀다.

몸을 더 잘 알아차릴 수 있으면 이어서 주변 공간에 주의를 기울인다. 시각, 청각, 후각, 촉각을 동원해 공간의 다양한 특성을 온전히 받아들인다. 천천히 고개를 오른쪽으로 돌렸다가 왼쪽으로 움직이면서 넓은 시야로 주변 공간을 인식한다. 무엇 또는 누가 보이는가? 어떤 소리가 들리는가? 이 공간에 특별히 관심이 가거나 이목을 끄는 특성이 있는가? 어떤 색깔이 눈에 들어오는가?

느낀 것들에 이름을 붙이고 소리 내어 묘사한다. 각 사물과 사람의 이름을 부르고 묘사하는 동안 몸에서 어떤 일이 벌어지는가? 그 대상을 의식할 때 몸이 어떤 반응을 보이는지 주의를 기울인다.

몸의 반응을 돌아보면서 이 공간의 특정 요소가 다른 것들에 비해서 잘 느껴지는 이유가 무엇인지 곰곰이 생각해본다. 그 요소는 어떤 기억을 불러일으키는가? 어떤 생각이 들었는가?

간간이 주변 살피기를 잠시 멈추고 SOAR 연습을 한다.

불안이 유난히 심할 때에는 시각의 범위를 확장하여 주변 환경 전체를 받아들이려는 시도가 위압감을 불러일으킬 수 있다. 주변 살피기를 시작하면서 불안이 심해진다면 그 공간에 있는 것들 중에서 긍정적인 생각을 불러일으키는 한 가지를 정해서 거기에 집중해보자. 그 대상의 이름을 소리 내어 부르고 묘사한다.

집중할 대상을 다른 것으로 바꿔도 괜찮겠다는 느낌이 들면 긍정적인 생각을 불러일으키는 다른 하나를 정해서 천천히 살핀다. 시야를 넓혀서 주변 공간을 더 확실히 의식해도 괜찮겠다는 느낌이 들 때까지 단계별로 이 과정을 반복한다.

호흡하기, 자원 활용하기, 그라운딩, 주변 살피기는 몸과 다시 연결되도록 돕는 활동이다. 또한 이 활동들은 불안이 발생할 때 신경을 가라앉히는 강력한 무기다. 앞으로 살펴볼 다른 활동들을 따라 하다가 불안 증상이 나타난다면, 앞의 활동 중 하나로 돌아가서 불안을 진정시킨 뒤 연습을 이어가기 바란다.

우리 몸은 불안을 지나치게 기피한다. 공포 감각을 차단하거나 주의를 분산시키려는 충동은 지극히 자연스럽고 당연한 현상이다. 하지만 몸적 자아와의 관계 회복을 꾀할 때에는 두려움을 조절하고 불안을 완화하는 몸 고유의 능력을 발휘해야 한다. 그러면 우리 몸이 어떤 방식으로 두려움과 소통하는지 의식적으로 알아차리고, 불안할 때마다 몸 안에서 날뛰던 혼란스러운 감각을 이해할 수 있다. 4장에서는 몸이 두려움을 느낄 때 우리에게 그 사실을 알리기 위해서 사용하는 다양한 방법을 자세히 알아볼 것이다. 그리고 공포 반응의 다양한 특징을 탐구하여 우리 몸과 마음에서 무슨 일이 왜 벌어지고 있는지 정확하게 밝히겠다. 또한 더욱 빠르고 효과적으로 신경을 조절하고 불안을 완화할 수 있도록 치솟은 공포 반응을 견디는 데 효과적인 방법을 소개할 것이다.

4장

나의 공포 대처 유형부터
파악하라

3장에서 우리는 암묵기억 체계에 새겨진 정보들이 불안의 근원임을 배웠다. 몸이 간직하고 있는 지혜를 찾아서 불안을 지속시키는 공포를 해소하려면 바로 이 기억 체계를 거쳐야 한다. 우리는 몸적 자아가 매 순간 어떤 방식으로 감각들과 공명하는지도 살펴봤다. 이 감각의 울림에는 주변 환경이나 나에 대한 직감적 정보가 가득하다. 합리적 사고를 통해서 감각의 울림을 해석할 수 있다면 감각이 전달하는 정보들은 불안을 감소시키고, 사려 깊은 행동을 촉진하며, 풀지 못한 공포를 치유하려는 노력을 한 단계 높은 차원으로 끌어올린다. 1장에서 우리는 몸적 자아와 다시 연결하고 감각의 울림을 알아차리는 능력을 강화하기 위한 첫걸음을 내디뎠다. 하지만 아직 한 가지 의문이 남는다. **어떻게 해야 몸적 정보를 해석할 수 있을까? 어떻게 해야 감각이 나에게 전달하는 메시지를 알아들을 수 있을까?**

이 장에서는 불안과 연관된 몸적 정보를 해석하는 방법을 배운다. 조금 더 정확하게 말하면, 공포 반응을 하나씩 뜯어보며 이해하는 법을 익힐 것이다. 공포 반응은 실존하거나 예상되는 위협이나 위험에 대비한 생리적·행동적·인지적 반응이다. 이것은 어떤 자극에 대해 본능적으로 나타나며, 우리의 심리적·생리적 자아를 보호하기 위해 방어기제를 촉발시킨다. 이렇게 공포 반응이 만성적으로 활성화되면 불안이 생기기 때문에 공포 반응을 이해한다면 곧 불안도 이해할 수 있다. 불안을 느낄 때 겁먹은 우리 몸은 위협으로부터 스스로를 지키기 위한 대책을 세운다. 모면하기 힘들어 보이는 위기에서 벗어나기 위해 생존본능을 최우선으로 발동시키기에 가장 좋은 상태로 몸을 준비시키는 것이다. 그렇다면 지금부터는 몸이 공포 신호와 소통하는 독특한 방식 그리고 공포와 관련해서 나타나는 행동과 사고 과정을 알아보자.

불안을 해소하려면 공포 반응을 이해해야 한다. 먼저 공포 반응을 자극하는 촉발요인이 무엇인지 파악한다. 앞서 살펴보았듯 공포 반응은 주로 우뇌의 통제를 받는 뇌 하부(뇌간)와 뇌 중앙부(대뇌변연계)에서 시작된다. 반면 **공포 촉발요인의 정체를 파악하는 일은 좌뇌가 담당**한다. 좌뇌는 우리 몸에서 무슨 일이 벌어지고 있는지, 그 이유는 무엇인지 파악하는 데도 관여한다. 촉발요인의 정체를 밝히고 그에 대한 몸의 대응방법을 알아내야 비로소 상황이나 주변 환경에 대해 숙고하면서 사려 깊은 행동을 할 수 있다. 그런데 여기서 한 발짝 더 나아갈 수도 있다. 공포 반응의 독특한 소통방식을 파악하고 촉발요인의 정체까지 밝혀냈다면 몸의 소리 듣기를 통해 애초에 그 자극을 두렵고 압도적이라고 느끼게 했던 암묵기억(이 기억은 하나가 아닐 수도 있다)을 찾아 탐구하는 것이다. 몸 깊은 곳에서 무의식적으로 작동하는 불안을 이해하면 불안의 오래된 근원을 찾을 수 있다. 그 자극이 어떤 이유로 불안의 촉발요인이 되었는지 알고 나면 불안과 관련한 풀지 못한 공포 또한 이해하고 해소하며 오래된 지각에 변화를 줄 수도 있다. 이런 식으로 그 자극을 위협적이지 않은 것으로 경험하고 재인식하면 같은 자극을 마주하더라도 더 이상 공포를 느끼지 않는다.

공포 반응을 알아야 한다

공포 반응에 효과적으로 대처하는 것은 내면세계와 외부 환경으로부터 전해진 감각정보를 감지하고 해석하는 몸과 마음의 능력에 달려 있다. 그러므로 공포 반응을 이해하려면 몸의 감각 시스템이 어떤 방식으로 주변 환경에서 정보를 감지하고 인식하는지, 그리고 위협이나 위험으로부터 우리를 보호하기 위해 몸의 감각 시스템이 정보들을 어떤 독특한 방식으로 행동적·인지적·정서적 반응으로 변환하고 통합하는지를 알아야 한다. 이 과정을 도와줄 세 가지 감각 피드백 시스템을 4장의 뒷부분에 소개했다. 다만 그에 앞서 공포 반응이 주로 불러일으키는 생리적·행동적·인지적 증상에 관해 알아야 한다. 이 증상들을 이해하면 몸과 마음이 위험과 위협에 반응하는 독특한 방식을 알 수 있다.

공포 반응의 생리적 증상: 몸의 변화

공포 반응은 본능적 반응이다. 공포 반응이 일어나면 몸은 투쟁, 도피, 얼어붙기 등의 방어행동을 준비하는 생리적 과정을 쏟아낸다. 스트레스 호르몬 분비도 그 일환이다. 스트레스 호르몬은 방어행동을 확실하게 성공시키기 위해서 신속한 에너지 전환과 효율적인 에너지 사용을 촉진한다. 이때 우리는 심박수의 증가와 밭은 호흡, 동공 확장, 소화 활동 감소 등을 경험하며, 손발에서 순환하던 혈액이 몸 안의 대근육과 내장기관으로 쏠린다. 불안할 때 흔히 손발이 축축하고 차가워지는 이유다. 그리고 뇌가 과도하게 민감해져 주변의 자극에 예민하게 반응한다. 몸을 방어 태세로 만드는 생리적 변화는 수없이 많고 다양하다. 하지만 몸은 사람마다 다르기 때문에 불안 증상 역시 각기 다르다. 따라서 **나만의** 생리적 공포 반응을 알아차리는 능력을 키워야 한다. 나의 공포 반응이 무엇인지 알면 불안 또한 잘 이해할 수 있기 때문이다.

공포 반응과 몸

다음은 사람들이 불안할 때 흔히 보이는 공포 반응의 생리적 증상들이다. 목록에서 내가 불안할 때 경험했던 증상이 있다면 그 증상들을 종이에 적는다.

공포 반응으로 나타나는 생리적 증상

- 호흡이 밭아진다.
- 호흡을 멈춘다.
- 심박수가 증가한다.
- 가슴이 뻐근하다.
- 손바닥에 땀이 난다.
- 손발이 차갑고 축축하다.
- 근육이 뭉친다.
- 몸이 떨리거나 휘청거린다.
- 속이 메스껍다.
- 설사를 한다.
- 배탈이 난다.
- 어지럽다.
- 배가 텅 비거나 울렁거리는 기분이 든다.
- 건망증이 생긴다.
- 몸에 열이 난다.
- 오한이 든다.

- 감각이 둔해진다.
- 저리다.
- 작은 일에도 깜짝 놀란다.
- 잠들기 어렵다.
- 피로 또는 탈진 증상이 있다.
- 몸을 가누기 힘들다.
- 극도로 예민하다.
- 집중이 되지 않는다.

위 목록 외에도 다른 증상이 있을 수 있다. 목록에는 없지만 불안할 때마다 나타나는 생리적 증상을 인지하고 있다면, 그 증상을 적어두고 나만의 공포 반응으로 여겨라.

생리적 공포 반응이 나타나면 몸에 대한 통제력을 상실한 것 같은 기분과 함께 심한 불쾌감이 든다. 이 느낌이 불안을 가중시킬 수 있다. 이때 불안과 관련된 생리적 변화를 파악하는 이 단순한 과정이 불안 조절에 큰 도움이 된다. 우리 몸에서 벌어지는 일들을 알아보고 그 증상에 이름을 붙이는 것만으로도 공포 반응이 조절된다. 이것은 바로 SOAR 기법의 요소인 감각하기, 관찰하기, 표현하기에 해당한다.

이 과정에서 한 발 더 나아갈 수도 있다. 공포 반응이 발생했을 때 우리 몸은 위험이 코앞에 닥쳤다고 판단하고 자신에게 주어진 임무, 곧 스스로를 보호하기 위해 해야 할 일을 수행한다. 문제는 이상 징후가 전혀 없는데도 위험이나 위협이 있다고 판단할 때 생긴다. 이런 경우에는 몸에 나타난 생리적 증상을 소리 내어 말해보자. 눈을 감은 채 호흡에 집중하면서 마음속 연민을 불러내어 스스로에게 다음과 같이 말해보자. "나는 지금 나쁜 일이 벌어질까 봐 두려워. 예전에도 나쁜 일이 벌어졌는데, 어떤 이유에선지 같은 일이 반복될지 모른다는 생각이 들어서 그래. 내 몸이 공포를 느끼고 있는 이유는 바로 내 몸이 나 자신을 보호하고 있기 때문이야. 내 강인하고 훌륭한 몸이 생존을 위해서 반응하고 있다는 사실에 고마움을 느껴. 아름다운 내 몸에게 이렇게 말하고 싶어. 그때 나를 두렵게 만들었던 그것은 지금은 존재하지 않아. 그러니 더는 두려워하지 않아도 돼."

지금까지 살펴본 증상들은 교감신경계가 불러일으키는 생리적 변화와 동일하며 투쟁-도피 반응과도 관련이 있다. 그런데 공포 반응에는 **얼어붙기 반응**도 있다. 1장에서 살펴봤듯이 얼어붙기는 투쟁-도피 반응이 효과가 없거나 아예 가동되지 않는 상황을 맞닥뜨렸을 때 부교감신경계가 교감신경계의 작동을 정지시키면서 생기는 반응이다. 부교감신경계가 차단 스위치를 누르면 몇몇 생리적·행동적·인지적 능력이 작동을 멈춘다. 예를 들면 머릿속이 새하얘지면서 아무 생각도 들지 않고 한마디도 할 수 없거나 몸이 마비된 느낌이 들면서 움직일 수 없게 된다. 그 외에도 몽롱함, 피로감, 몸이 축 늘어지는 느낌이 들거나 몸을 가누기 어려워

낮잠을 청해야 하는 경우도 있다. 하품, 트림, 위장 활동이 과도하게 일어날 수도 있다. 일례로 내담자인 앤절라는 가족들과의 관계에서 적절한 거리를 찾다가 불안이 느껴지면 끊임없이 하품을 했다. 또한 몸에 힘이 빠져 바른 자세로 앉아 있기가 힘들었다. 매번 자세를 흐트러뜨리고 의자에 몸을 파묻은 채 공 모양으로 웅크리기도 했다. 이 증상들 모두가 부교감신경계의 과도한 활성화를 의미한다. 나의 공포 반응 증상을 알아가는 연습을 시작하기 전에 이 예시들을 꼭 기억해두자. 나에게도 부교감신경계의 과도한 각성을 암시하는 불안 증상이 나타날 수 있기 때문이다.

공포 반응의 행동적 증상: 투쟁, 도피, 얼어붙기

불안이 생기면 우리 몸은 본능적으로 신속하게 조치를 취한다. 우려하는 일이 실현되지 않도록 방지하고 불쾌한 기분을 다스리기 위해서다. 이런 반사적 행동 또한 공포 반응의 일종이며, 이를 흔히 '투쟁, 도피 또는 얼어붙기fight, flight, or freeze'라고 한다. 그런데 사람의 몸과 마음은 이 반응을 창의적으로 변형시켜서 훨씬 정교한 방어 행동을 만든다. 가장 흔한 행동적 공포 반응 중에는 회피가 있다. 회피는 불안을 유발하거나 통제력을 잃었다고 느끼게 하는 특정 상황이나 인물을 피하는 행동으로, 극도의 스트레스나 위협적인 상황과 맞닥뜨리는 일을 방지하기 위해 쓰이는 방어기제다. 닉이라는 이름의 한 내담자는 자신이 특출나게 잘하는 일이 아니라면 일절 손을 대지 않았다. 자신의 한계와 맞닥뜨리는 일을 피하고 싶었을 뿐만 아니라, 자신의 한계를 지켜보는 타인의 시선을 통제할 수 없다는 사실을 견디기 어려웠기 때문이다. 그는 이런 상황에서 스스로 무능하다고 느꼈고, 다른 사람들이 자신을 부정적으로 볼까 봐 걱정했다. 또한 자신을 향한 타인의 부정적 시선이 미래의 삶을 뒤흔들 만큼 파괴력이 커서 돌이킬 수 없는 엄청난 해를 입을지도 모른다며 두려워했다. 닉이 완벽주의 성향 때문에 고생하고 있다는 사실은 크게 놀랍지 않았다. 완벽주의 성향은 공포를 다스리는 데 도움이 되기도 했다. 상담을 진행하기 전까지 그는 부족한 자신감과 자존감에서 비롯한 불안을 통제하기 위해 회피와 완벽주의라는 전략을 사용했다. 이런 증상을 경험하는 사람은 닉뿐만이 아니다. 사람들은 누구나 불안을 다스리기 위한 자기 나름의 행동적 반응 패턴이 있다.

지금부터 행동적 공포 반응을 찾아내기 위한 짤막한 소매틱 연습을 소개한다. 이로써 공포 반응이 나타날 때 불안이 활성화되었다는 사실을 미리 알아차리고 새로운 불안해소법을 시도해 볼 수 있을 것이다.

공포 반응과 행동

다음 목록은 불안할 때 흔히 나타나는 행동적 공포 반응이다. 목록을 차례대로 살펴보면서 내가 불안할 때 반복했던 행동이 있는지 확인한다. 목록에 없는 불안 행동이 있다면 빠짐없이 기록한다.

공포 반응으로 나타나는 행동적 증상

- 회피한다.
- 지나친 보상 행동을 하거나 부산스러워진다.
- 강박적 사고에 시달린다.
- 끊임없이 확인한다.
- 도망친다.
- 외출을 거부하고 집에만 머무른다.
- 안절부절못하며 서성거린다.
- 완벽주의 성향을 보인다.
- 타인을 지나치게 비판하거나 판단하려 든다.
- 성급하게 결론을 내린다.
- 고정적이고 엄격한 일상 루틴을 반복한다.
- 일상 활동이 제한적이거나 점점 줄어든다.
- 사교 활동이 제한적이거나 점점 줄어든다.
- 쉽게 짜증을 내고 다혈질이다.
- 중독 행동을 보인다.
- 의사의 처방 없이 약물을 복용한다.

또다시 불안해졌을 때 작성한 목록에 나열된 행동을 반복하고 있다는 사실을 깨달으면 행동을 잠시 멈춘다. 그러고는 그 행동을 소리 내어 묘사한 뒤, 스스로에게 이렇게 질문한다. '**만약 내가 다른 행동을 한다면 내가 두려워하는 그 일이 진짜로 일어날까?**'

그러고 나서 SOAR 연습을 한다. 지금과 다른 행동을 하면 어떨지 곰곰이 생각해보는 동안 몸 안에서 진동하는 감각들에 주의를 기울인다. 판단하려는 마음은 내려놓고 그저 몸 안에서 진동하는 감각들을 관찰한다. 그 감각을 소리 내어 표현한 다음, 왜 그런 행동들을 하게 되었는지 돌아본다.

두려움을 느끼는 이유가 무엇인지, 이 행동이 도움이 된다고 생각한 이유는 무엇인지 스스로에게 질문한다. 당장 짬을 내기가 어려운 상황이라면 그날 다른 시간에 다시 시간을 내본다. 조용한 방에 앉아 두 눈을 감고 행동적 공포 반응이 나타났던 순간을 떠올려본다. 다음으로 위 질문으로 돌아가 SOAR 연습을 시작한다.

행동적 공포 반응이 나타난다고 해서 무조건 해롭지만은 않다. 실제로 보호 반응은 우리의 심리적·생리적 생존을 위해 반드시 필요하다. 공포 반응이 문제를 일으키거나 건강을 해치기 시작하는 것은 같은 반응이 고정적이고 강박적으로 반복될 때다. 그리고 공포 반응으로 말미암아 기쁨이나 즐거움에 해당하는 감정들과 목표설정, 창의력, 주체적 자아 표현, 타인을 향한 친밀감 같은 것들이 전반적으로 억제될 때 진짜 문제가 생긴다.

공포 반응의 인지적 증상: 부정적 생각 패턴

공포 반응을 인지적으로 처리하는 과정에는 불안이 촉발되면 활성화하는 풀지 못한 공포 경험과 연관된 생각 패턴과 핵심 믿음이 관여한다. 공포에 중점을 둔 이러한 생각과 믿음은 나 자신은 물론이고 주변 환경에 대해서도 색안경을 낀 채 부정적인 면만 보도록 만든다. 그리하여 어떤 상황, 주변 환경, 주변 사람들에 대한 평가, 앞으로 어떤 일이 벌어질지 예측하는 지각에까지 부정적인 영향을 끼칠 수 있다. 게다가 이 생각과 핵심 믿음은 융통성 없고 고집스러워서 목표를 달성하기 위해 감수해야 하는 위험을 회피하게 만들고, 나를 나답게 만드는 행동이나 선택을 하지 못하도록 막는다. 더욱 심각한 문제는 인지적 증상이 대개 자동적이고 무의식적으로 나타난다는 점이다. 그렇기 때문에 자신도 모르게 세상을 바라보는 시각과 행동방식에 영향을 받는다. 따라서 불안과 관련한 인지과정을 심층적으로 알아차리는 능력을 반드시 키워야 한다.

공포에 중점을 둔 생각과 믿음이 어디에서 비롯했는지, 우리에게 어떤 영향을 끼치고 있는지는 5장에서 더 자세히 살펴볼 것이다. 그전에 4장에서는 이런 생각들이 왜 공포 반응과 얽히게 되었고, 어떻게 불안을 지속시키고 있는지 알아본다.

불안을 부추기는 과도한 결합

공포 반응과 그것에 연관된 생리적·행동적·인지적 과정을 탐구할 때에는 **과도한 결합**over-coupling이라는 현상을 반드시 이해해야 한다. 과도한 결합은 압도적이거나 두려운 경험의 각종 파편(감각 자극, 생리적 반응, 행동, 생각, 정서 등)이 무의식 속에서 하나로 엉키거나 연관 지어질 때 발생한다. 이렇게 결합된 파편들은 서로 단단히 얽혀 있기 때문에 같은 상황이 다시 벌어졌을 때 위협이나 위험이 없더라도 즉각적으로 서로 연결된다. 과도한 결합의 간단한 예시를 보자. 존은 운전석에 앉아서 빨간불이 파란불로 바뀌기를 참을성 있게 기다리고 있었다. 그런데 뒤에 있던 차가 갑자기 존의 차를 들이받았다. 그 뒤로 존은 신호 대기를 할 때마다 누가 뒤에서 추돌사고를 낼까 봐 두려웠다. 존의 사례는 빨간불과 추돌사고가 과도하게 결합되어 공포 반응을 촉발하는 경우다. 과도한 결합은 인간관계에서도 일어난다. 케이티는 어릴 적 수학 공부를 힘들어했다. 케이티의 어머니는 종종 딸의 수학 숙제를 도와주다가 인내심을 잃거나 크게 실망하곤 했다. 딸의 시험 점수가 기대치에 미치지 못하면 케이티를 말없이 못마땅한 눈길로 보다가 등을 돌리고 나가버렸다. 케이티는 비난, 애정의 상실, 어머니 때문에 경험했던 생각·정서·감각들을 실패 및 실수와 결부시켰다. 현재 케이티는 자신이 남자친구의 기대를 저버렸거나 실망시켰다는 생각이 들 때마다 남자친구가 자신을 버리고 떠날지도 모른다는 극심한 불안에 시달리고 있다.

과도한 결합은 몸과 마음의 다양한 측면이 관여하는 역동적 현상이다. 하지만 우리는 과도한 결합이 발생하는 과정 중에서도 무의식적 인지 요소에 관해 집중적으로 살펴볼 것이다. 결합이 시작되면 자기서사personal narrative가 나타나서 두렵고 압도적인 경험에 의미를 부여하고 상황을 납득하려고 애를 쓴다. 이 자기서사는 비슷한 상황을 마주했을 때 같은 일이 벌어지지 않도록 예방하기 위한 지침으로 (대개 무의식중에) 사용된다. 지침은 대체로 이런 내용이다. **만약 내가 어떤 행동을 하면 나쁜 결과가 생길 거야.** 예를 들면 이런 식이다. '파티에 참석할 수 없다고 말하면 그가 나에게 실망할 거야.' '내가 실수를 저지르면 그 사람은 나를 무능하다고 생각할 거야.' '그 부탁을 들어주지 않으면 그는 내가 자기를 소중하게 여기지 않는다고 생각할 거야.' 이러한 서사에는 생리적·정서적·인지적·행동적 요소가 각각 들어 있다. 그리고 이 요소들이 하나로 결합할 때 공포 반응이 만들어진다. 압도적이고 두려운 경험으로 인한 과도한 결합이 명료하고 뚜렷하게 파악되는 경우도 있지만, 과도하게 결합된 파편 대부분은 암묵기억 속에 넓게 퍼져 있으며 무의식적이다. 과도한 결합은 주로 뇌간과 변연계에서 일어나기 때문이다. 몸의 소리 듣기를 사용하면 몸 깊은 곳에 남아 있는 공포 경험과 결합된 파편들을 찾아낼 수 있다.

과도한 결합의 개념, 과도한 결합이 부정적인 생각이나 핵심 믿음과 어떤 연결성을 지니고 있는지는 5장에서 상세히 설명할 것이다. 4장에서는 우선 사람들이 흔히 가지고 있는 과도한 결합 서사를 간단히 살펴봄으로써 공포 반응의 인지적 과정을 이해해 두자.

부정적 자기서사 찾기

이 활동의 목적은 암묵기억 속에 남은 공포와 결합된 파편을 찾고, 관련된 부정적 생각 패턴과 핵심 믿음을 살피는 것이다.

먼저 다음 문장들을 완성해보자. 생각나는 대로 최대한 많이 칸을 채워본다.

작성한 목록을 잠시 옆에 놓는다. 이 목록은 5장에서 불안의 발생 과정을 심층적으로 탐구할 때 다시 사용할 것이다.

• 만약 _____한 일이 생긴다면 _____한 일이 벌어질 거야.
• 만약 내가 _____를 하면 _____하게 될 거야.
• 만약 내가 _____라고 말하면 _____하게 될 거야.

공포 반응은 복합적으로 나타난다

재닌의 사례를 통해 과도한 결합이 어떻게 나타나며 공포 반응이 얼마나 다양한지 알아보자. 재닌은 불안 조절에 도움을 받고자 나를 찾아왔다. 재닌은 자신의 불안 증상을 "끊임없이 윙윙 소리가 난다"라고 표현했다. 그리고 갑자기 불안이 커질 때 '패닉 상태에 빠지는' 경험을 했다. 폐가 꽉 조이고 숨쉬기가 힘들었으며 온몸이 떨리고, 근육이 긴장되고, 심장이 두근거렸다. 특히 '시간에 쫓기는 사람처럼' 조급함에 휩싸이면서, 늦기 전에 서둘러서 뭐라도 해야 할 것 같은 기분이 든다는 점이 눈에 띄었다. 상담을 시작하면서 나는 패닉의 촉발요인이 무엇인지 아느냐고 질문했다. 재닌은 직장에서 실수를 했다는 생각이 들 때마다 이 증상을 겪는다고 답했다. 그럴 때마다 정신 나간 사람처럼 수습할 방법을 찾는 데 집착하고, 실수를 돌이킬 수 없을까 봐 두려움에 사로잡혔다. 인간관계에서도 잘못을 저질렀다는 생각이 들 때마다 비슷한 증상이 나타났다. 이때도 재닌은 자신의 실수를 만회하려고 허둥거렸다. 상황을 수습하려고 아무리 애를 써도 이미 저지른 실수를 용서받지 못할지 모른다는 공포는 떨칠 수 없었다.

어느 날 나는 재닌에게 언제 실수를 했다는 생각이 드는지 말해달라고 했다. 잠깐의 침묵 뒤 그녀가 입을 열었다. "누군가를 실망시키거나 기대에 어긋나는 행동을 했을 때요." 나는 다시 질문했다. "상대방이 실망했다는 건 어떻게 알지요?" "글쎄요. 그냥 느낌으로 알아요." 그 말에 흥미를 느낀 나는 질문을 이어갔다. "상대방이 당신에게 화를 내면서 실망했다고 말하지 않아도요?" 재닌이 대답했다. "네, 그런 적은 없는 것 같아요. 하지만 말로 하지 않아도 알아요. 얼굴에 다 쓰여 있거든요."

재닌에게는 실수를 했거나 누군가의 기대를 저버렸다는 자신의 믿음을 입증할 만한 실질적인 증거가 없었다. 그럼에도 재닌은 증거가 충분하다고 믿고 있었다. 이는 재닌이 느끼는 불안의 핵심 파편이 몸적 기억에 무의식적으로 봉인되어 있다는 뜻이었다. 재닌의 불안은 틀림없이 실수에 대한 만성적 공포와 연관이 있었고 그 공포는 타인의 기대를 저버리는 것에 대한 공포와도 결합되어 있었다. 이때 실수를 했거나 누군가를 실망시켰다는 믿음에 힘을 실어주는 단서들의 바탕에는 애초에 타인을 향한 재닌의 지각, 상대방의 표정에 대한 재닌의 해석이 있었다. 나는 재닌이 주어진 상황을 해석하고 이해할 때 암묵적 정보를 사용한다는 사실을 알 수 있었다. 나는 이어서 몇 가지 질문을 던졌다. 타인을 실망시켰다던 재닌의 경험과 결합된 비언어적 감각정보는 과연 무엇일까? 타인의 기대를 저버리는 것이 왜 이렇게까지 두려운 것일까? 왜 이런 고통이 생기는 것일까? 재닌은 흥미로운 반응을 보였다. "잘은 모르겠어요. 하지만 정말 나쁜 일이 일어날 것 같다는 기분이 들어요."

심층 탐구:
외수용성감각, 고유수용성감각, 내수용성감각

꽤 많은 사람이 재닌과 마찬가지로 자신의 불안 촉발요인을 잘 알고 있다. 하지만 그것들이 어쩌다가 촉발요인이 되었는지는 모를 수 있다. 설령 이유를 제대로 알더라도 지금 상황에서는 그 촉발요인이 전혀 보이지 않는데 도대체 왜 불안한지 이해할 수 없는 순간도 있다. 이는 우리가 현재를 평가하고 해석할 때 의식적 알아차림과 더불어 무의식적 알아차림, 곧 암묵기억 체계를 사용하기 때문이다.

지금부터 우리는 신경계의 주요 감각 피드백 시스템 세 가지에 관해 알아볼 것이다. 이 세 가지 시스템에 주의를 기울이면 암묵기억에 접근하고 불안의 촉발요인, 특히 정체가 불분명했던 요인들을 깊이 이해할 수 있다. 또한 감각 피드백 시스템에 집중하며 얻은 정보들을 통해 불안한 몸과 마음의 심연을 들여다볼 수 있다. 그리하여 공포 반응을 일으키는 생리적·행동적·인지적 요소들뿐만 아니라 공포의 시초가 된 사건을 겪으면서 과도하게 결합된 파편들도 모습을 드러낼 것이다. 파편의 정체를 밝히면 불안의 촉발요인을 아주 세세하게 파악할 수 있다. 그러면 불안 반응이 나타나더라도 더는 혼란스럽지 않다.

감각 피드백 시스템은 외수용성감각exteroception, 고유수용성

감각proprioception, 내수용성감각interoception 세 가지로 구성된다. 이들은 신경계에 속한 반응 시스템으로서 주변 공간, 내면 상태, 외부 상황과 내면이 만나는 지점에 대한 정보를 토대로 몸과 마음과 소통한다. 정보가 줄지어 흘러들어오는 모습을 상상하면 이해하기 쉬울 것이다. 줄의 한쪽 끝에는 외수용성감각이, 반대쪽 끝에는 내수용성감각이, 중간에는 고유수용성감각이 있다. 줄을 따라서 정보들이 끊임없이 흐르고, 세 감각 피드백 시스템은 매 순간 아주 역동적으로 서로 정보를 교환한다. 몸과 마음을 차분하게 가라앉히고 당신의 몸적 자아를 이 정보의 흐름에 연결한다면 의미 있는 느낌을 강렬하게 경험하면서 묻혀 있던 공포 반응의 핵심 정보를 발견할 수 있다.

외수용성감각

외수용성감각은 외부 환경에 대한 감각적 경험을 한 뒤 다음을 살핀다. '나를 둘러싼 공간에서 무슨 일이 벌어지고 있는가?' 시각·청각·후각·미각·촉각 등이 외수용성감각 알아차림에 해당한다. 불안의 근원과 역학을 밝혀내려면 외수용성감각 깊은 곳에 기록되어 있는 두렵고 압도적이었던 경험과 관련한 세부 정보를 알아내야 한다. 다시 말해 과거 정서적으로 고통스러운 사건이나 상황을 경험했을 때 몸과 마음이 무엇을 보고, 듣고, 느끼고, 냄새 맡고, 맛봤는지 무의식에 기록된 모든 것을 떠올려야 한다.

고유수용성감각

고유수용성감각이란 몸의 움직임을 감각하는 능력이다. 이 능력 덕분에 주변 환경과 연계하여 몸의 위치와 방향을 지각할 수 있다. 고유수용성감각은 내비게이션과 같은 역할을 하여 단순히 주변 사물의 위치를 감각하는 것만으로도 이 공간에서 어떻게 움직여야 할지 파악한다. 이 감각 덕분에 걸을 때 집중하지 않고서도 이리저리 부딪히지 않는다. 또한 두 눈을 감고 코를 만지거나, 운전할 때 엑셀에서 발을 떼어 브레이크로 옮기는 등 눈으로 보지 않고도 팔다리를 정밀하게 움직일 수 있다. 고유수용성감각을 알아차리면 균형감각이 생긴다. 똑바로 앉아 있거나 옆으로 기대어 있을 때의 자세를 인지할 수 있고, 옆으로 기대어 있다가 자세를 바로 세우려 할 때에도 어떻게 힘을 줘야 할지 안다. 그러므로 고유수용성감각을 알아차리는 것은 의미 있는 느낌을 경험하는 것과 같다. 몸의 소리 듣기를 통해 이 감각을 만나면 불안의 핵심이 되는 사건을 경험하는 동안 기록된 암묵적 정보들을 풍부하게 거둬들일 수 있다.

내수용성감각

내수용성감각은 간단히 말해서 내면의 상태와 몸이 반응하는 과정을 감각하는 능력이다. 이는 몸의 소리 듣기의 핵심이라고 해도 과언이 아니다. 내수용성감각을 알아차리면 몸적 자아 전체에 나타나는 독특한 울림에 주의를 기울이게 된다. 목마름·배고픔·졸음은 물론이고, 체온·긴장감·가려움처럼 다소 불분명한 감각에도 주의를 기울인다. 내수용성감각에서 비롯한 감각 피드백은 우리가 외부 환경을 어떻게 받아들이고 경험하는지 알려준다. 이 감각은 생각, 정서, 행동을 비롯한 내면세계에도 영향을 끼친다. 고유수용성감각을 알아차릴 때와 마찬가지로, 내수용성감각 또한 지금 이 순간에 의미 있는 자기감을 불러일으키고 불안과 관련한 암묵기억을 끄집어낸다.

지금부터는 SOAR 기법을 이용해서 외수용성, 고유수용성, 내수용성 감각 알아차림을 하나로 통합시키는 몸의 소리 듣기를 연습할 것이다. 이 활동은 실생활에서 어떤 상황적·환경적 맥락이 나의 불안을 촉발하는지 파악하는 데 도움이 된다. 또한 불안한 몸과 마음을 깊숙이 파고들어가 두렵고 압도적인 과거의 사건과 과도하게 결합된 파편들을 찾아낸다. 더 나아가 불안과 연관된 몸적 정보를 해석하는 능력을 향상시키는 것은 물론, 생리적·행동적·인지적·정서적 요소들이 상호작용하면서 만성적 공포와 걱정을 불러일으키는 과정도 밝혀낸다.

심층 탐구

앞서 '부정적 자기서사 찾기' 활동에서 작성했던 과도한 결합 목록을 다시 꺼내보자. 조용한 방에 앉아 목록을 훑어보면서 가장 끌리는 예시 하나를 고른다. 연습을 하기에 앞서 공포가 불쾌할 정도로 활성화된다면 호흡하기, 자원 활용하기, 그라운딩, 주변 살피기로 돌아가서 몸과 마음의 평정을 되찾아야 한다. 두려움이 잦아들고 준비가 되었을 때 다시 연습을 시작하면 된다. 몸이 좀처럼 진정되지 않을 경우에는 연습을 나중으로 미룬다. 활성화되는 감정과 감각들로 인해 생기는 부담을 조금 더 잘 조절할 수 있을 때 다시 시도한다.

두 눈을 감은 채 몸을 더 잘 알아차릴 수 있을 때까지 호흡에 주의를 기울이며 연습을 시작한다. 앞서 고른 예시를 소리 내어 읽는다. 그러는 동안 몸에서 어떤 일이 벌어지는지 살핀다.

다음으로 나의 불안을 자극하며 앞서 고른 자기서사와 대응되는 상황을 하나 상상한다. 상상 속의 나는 어른이어도 좋고 어린아이여도 좋다. 특정 방식으로 생각하거나 행동하지 않으면 부정적인 결과를 맞이할 것이라고 굳게 믿는 어떤 상황이나 내가 두려워하는 것을 떠올리면 된다.

마음속에 상황을 떠올린 다음 외수용성감각 알아차림을 통해 외부 환경에 대한 감각 경험을 만든다. 무엇이 눈에 띄는가? 누가 보이는가? 어떤 소리가 들리는가? 어떤 감촉이 느껴지는가? 피부에는 무엇이 닿아 있는가? 어떤 맛이 나는가? 감각들을 상세하게 떠올리며 알아차린 외수용성감각을 소리 내어 묘사한다.

　이렇듯 생생하게 외부 환경을 경험했다면 앞서 상상했던 공간 속에 내가 들어가 있다고 상상한다. 이제 고유수용성감각 알아차림을 진행한다. 그 공간 안에 있는 사물이나 사람과 관련하여 나의 위치는 어디쯤인가? 그 공간 속에서 나는 어떻게 움직이고 있는가? 그 움직임은 어떤 느낌인가? 자유롭게 움직이고 있는가? 움직임이 제한되어 있지는 않은가? 상상으로 만들어낸 그 공간 안에서 최선을 다해 몸적 자아에 대한 의미 있는 느낌을 찾는다. 알아차린 감각을 소리 내어 말한다.

　이번에는 내수용성감각을 알아차리기 위해 주의를 집중한다. 주변 공간과 그 안에 있는 나의 모습을 상상했을 때 몸 안에서 어떤 감각들이 활성화되는가? 어깨, 배, 종아리, 발 등 몸의 모든 부위를 의식하며 어떤 감각이 느껴지는지 살핀다. 그 공간 안에 있는 특정 요소가 어떤 생리적 반응을 촉발하지는 않았는가? 만약 그렇다면, 반응을 촉발한 요소는 무엇이며 그 이유는 무엇일까? 내수용성감각 경험을 관찰하는 동안 호흡을 잘 살핀다.

　외수용성·고유수용성·내수용성 감각 경험을 한데 모으는 연습을 하는 동안, 주의를 넓혀 몸이 겪는 다른 변화 과정들도 알아차린다. 상황을 시각화하면서 마음속에 떠오른 생각과 그와 관련한 생리적 반응을 의식한다. 어떤 정서가 느껴지는가? 본능적으로 나타난 행동적 반응이 있다면 무엇인가? 특정한 행동을 해야 할 것 같은 압박감이 들지는 않는가? 그렇다면 그 행동을 하는 나의 모습을 상상해보자. 어떤 감각이 느껴지는가? 특정 반응을 보이고자 하는 나의 충동이 못마땅하게 느껴진다면 그 이유는 무엇일까? 그 행동에 대해서 나는 어떤 반응을 보이는가?

잠시 상상한 상황에 대해 생각해본다. 스스로를 내려놓고 외수용성·고유수용성·내수용성 감각이 전하는 일련의 피드백 정보를 따라 자유롭게 유영한다. 몸과 마음의 변화를 하나로 통합하기 위해 이 활동 틈틈이 잠시 멈춰 SOAR 연습을 한다. 생리적 반응을 감각하고, 주관적 평가 없이 관찰하며, 소리 내어 표현한다. 그러고는 이런 반응이 나타나는 이유를 찾아 돌아본다. 스스로에게 되물어보자. '**내가 다른 반응을 보인다면 어떤 일이 벌어질 거라는 생각이 드는가? 이런 믿음을 갖게 된 이유는 무엇일까?**' 이 질문을 던졌을 때 몸에서 어떤 일이 벌어지는지 의식한다.

서서히 드러나는 진실에 압도되지 않고, 진실에 대한 반응으로 나타나는 감각들을 억지로 고치려 하지도 않고 이 연습을 이어나가면 불안과 관련한 중요한 정보를 얻을 수 있다. 이전까지는 나타나지 않았던 그 정보가 마침내 모습을 드러낼 것이다. 더불어 풀리지 않은 공포와 신경계 안에서 하나로 묶여 있던 정서적 에너지를 분출할 기회가 찾아온다. 곧이어 지각의 변화를 이끄는 강력한 치유가 시작된다. 동시에 마음의 무거운 짐을 덜고 불안에서 벗어날 수 있다.

이 활동의 목적과 효과를 더 잘 이해하기 위해 재닌의 이야기로 돌아가보자. 재닌은 자신의 불안을 정확하게 꿰뚫어보고 있었다. 자신의 불안 촉발요인 중 하나가 실수에 대한 두려움이라는 사실과 공포를 경험할 때 몸에서 어떤 일이 벌어지는지를 인지하고 있었다. 그뿐만 아니라 실수를 하면 다른 사람들을 실망시킬지 모른다는 믿음을 되풀이하는 인지과정도 알아차리고 있었다. 실수했다는 생각이 들 때 긴박감이 자신을 압도해서 빠르게 수습하려는 행동반응을 불러일으킨다는 사실 또한 알아차리고 있었다. 하지만 재닌이 깨닫지 못한 것이 있었는데, 바로 주변 환경의 비언어적 신호였다. 잘못 받아들인 이 신호가 재닌의 몸과 마음에 상대방이 자신에게 실망했다는 믿음을 부추겼다. 또 한 가지, 타인의 실망감을 이렇게까지 두려워하는 이유가 무엇인지에 대한 의구심이 남아 있었다. 누군가의 기대를 저버렸을 때 생기는 '나쁜 일'이란 과연 무엇이란 말인가?

어느 날 몸과 연결하기 위해 몸의 소리 듣기 훈련을 실행한 직후였다. 나는 재닌에게 실수를 했을 때 나타나는 공포를 재현하기 위해 상황을 하나 떠올려보자고 제안했다. 재닌은 곧바로 지난 주말 어머니 집을 방문했을 때 벌어졌던 일을 떠올렸다. 어머니는 재닌에게 오는 길에 간식거리와 샌드위치를 사오라고 부탁했다. 어머니의 취향이 워낙 까다로워서 재닌은 잠시 망설였다. 특별히 원하는 종류가 있는지 물어보기까지 했지만, 재닌은 심부름을 제대로 하지 못할 것 같다는 두려움을 느꼈다. 아니나 다를까, 집에 도착했을 때 어머니는 재닌이 사온 감자칩을 흘긋 보고서 차갑게 쏘아붙였다. "왜 이런 걸 사왔니? 소금 덩어리나 다름없는 걸 집어왔구나." 그러더니 샌드위치 포장을 열고는 비아냥거리듯이 말했다. "샌드위치는 왜 또 이렇게 큰 걸 샀니? 나보고 이걸 다 먹으라는 말이니?" 재닌의 표현을 빌리면, 어머니는 꾹 다문 입술에 짜증 나 죽겠다는 표정이었고 날카롭고 쌀쌀맞은 몸짓으로 짧게 씩씩거리면서 부엌을 서성였다. 말할 것도 없이 재닌은 불안이 치솟았다. 불안이 어찌나 강렬했는지, 감자칩은 다시 마트에 가서 사오면 되고 샌드위치는 반으로 잘라뒀다가 다음에 먹어도 된다고 어머니를 달래려는 시도조차 할 수 없었다.

그렇다면 어머니의 끊임없는 불만은 어머니 자신의 문제일 뿐이며, 재닌에게는 잘못이 없다는 합리적인 목소리가 머릿속에 떠오른 적은 없었을까? 이 질문을 던지자 재닌은 이렇게 대답했다. "그러니까요! 우리 엄마만큼 불만 많은 사람은 없을 거예요. 이 세상 그 누구도 엄마를 만족시킬 수 없어요. 그걸 알고 있는데도 엄마한테는 내 기분을 상하게 만드는 힘이 있어요. 이유가 뭔지 정말 모르겠어요." 이때 나는 이 부분을 조금 더 심층적으로 탐구해보자고 제안했다. 재닌은 기다렸다는 듯 동의했다. 나는 재닌에게 두 눈을 감고 어머니와 함께 부엌에 서 있는 자신의 모습을 떠올려보라고 말했다. 그다음 재닌이 그 공간에 대한 외수용성감각 경험을 알아차리도록 이끌었다. 재닌은 주방을 상세하게 묘사했는데, 그중에서도 어머니의 얼굴에 나타난 표정, 곧 눈썹·입술·두 눈에 큰 관심을 기울였다. 이번에는 고유수용성감각 경험을 묘사하도록 했다. "엄마가 코앞에 서 있는 것처럼 느껴져요. 하지만 실제로는 저한테서 1미터 정도 떨어진 조리대 뒤쪽에 있어요." 이 대답을 들은 뒤 내부수용성감각 경험은 어떤지 질문했다. "경직된 기분이 들어요. 명치에 까만 응어리가 있어요. 어깨가 무거워서 웅크리고 싶어요. 무릎에 힘이 빠져서 주저앉고 싶어요."

달리 유도하지 않았는데도 재닌은 유년기 기억을 떠올렸다. 하루는 어머니가 설거지를 시켰다. 어린 재닌은 물기를 닦아내다가 그만 실수로 접시 하나를 놓쳐 깨뜨리고 말았다. 소란스러운 소리를 듣고 어머니가 부엌으로 달려오더니 바닥에 흩어진 접시 조각 앞에 멈춰 섰다. 재닌은 이 이야기를 하던 도중 흐느끼기 시작했다. 눈물을 훔치던 재닌은 당시 어머니의 얼굴에 떠오른 표정이 지난 주말에 보았던 표정과 똑같이 실망감이 역력했다는 사실을 기억해냈다. "눈썹을 잔뜩 찌푸리고 입술은 꾹 다문 표정이 보여요. 몹시 못마땅하다는 눈빛으로 저를 흘겨보고 있어요." 이 과정을 계속하면서 재닌은 어머니의 그 표정이 자신에게 얼마나 **나쁜** 일로 느껴졌는지 털어놓았다. 구제 불능에 쓸모없고 사랑받을 자격이 없는 아이가 된 느낌이었다. 많은 아이가 그렇듯이 재닌은 그때 경험했던 감정이 진실이라고, 자신은 진짜로 사랑받을 자격이 없는 아이라고 믿게 되었다.

발달기 아동에게 기분은 곧 자기감이 된다. 그 자기감은 감각적이고 정서적이다. 그래서 아이들은 **나쁜 기분이 드는 것은 내가 나쁜 아이이기 때문**이라고 생각해버리는 경우가 많다. 재닌도 마찬가지였다. 재닌에게 실수해서 상대방을 실망시켰을 때 벌어지는 **나쁜 일**이란, 자신이 쓸모없고 사랑받을 자격이 없는 아이이며 수치스럽다고 느꼈던 과거의 충격적인 경험이 반복되는 것을 의미했다. 이 공포는 어릴 적 어머니와의 관계에서 실수를 했을 때 책망과 창피를 당했던 경험에 뿌리를 두고 있었다. 어머니는 몸짓, 목소리의 높낮이, 눈빛을 통해서 못마땅함과 실망감을 드러냈다. 이러한 순간을 경험하면서 만들어진 감각의 파편들은 하나로 견고하게 결합되어 재닌의 암묵기억 속에 얽혀 들어갔다. 그리고 그 기억은 지금까지도 촉발요인이 자극될 때마다 당시 겪었던 의미 있는 느낌을 불러일으켰다. 다시 말해 스스로가 쓸모없고, 볼품없고, 사랑받을 자격이 없는 사람이라는 감각이 되살아났다. 재닌의 몸이 경험했던 '끊임없이 윙윙거리는 소리' 또한 이런 끔찍한 기분을 다시 경험하게 될지 모른다는 만성적 근심과 연결되어 있었다. 실수에 대한 끊임없는 걱정, 실수를 만회하려고 애쓰면서 경험한 스트레스, 그 노력이 모두 부질없다는 생각이 들 때 느꼈던 절망감 말이다. 재닌은 불안을 감당하기 위해서 항상 결점 없이 완벽하고 실수를 하나도 하지 않는 사람이 되려고 애썼다. 하지만 사람이 완벽하기란 애초에 불가능하기에 완벽주의는 스트레스와 불안을 가중시킬 뿐이었다.

재닌의 사례는 많은 것을 보여준다. 해소하지 못한 채 무의식 속에 남아 있는 정서적 고통은 우리의 생리적·정서적·인지적·행동적 반응에 강력하게 영향을 끼친다. 또한 과도한 결합이 지닌 영향력은 미묘하고도 엄청나며, 암묵기억에 얽힌 공포 경험의 감각 파편은 맹렬하게 지각을 장악한다. 이 파편으로 말미암아 기분을 실제 현실이라고 착각하는 일이 너무나 손쉽게 벌어진다. 무엇보다도 어린 시절에 경험한 정서적 부담감은 어른이 되고 나서도 생생하게 살아 움직이면서 우리 자신과 주변의 세상을 받아들이고 해석하는 데 중요한 역할을 한다.

이제 우리는 공포 반응과 그 반응을 촉발하는 암묵기억에 관해 더 깊이 이해하게 되었다. 불안의 몸적 경험을 알아차리는 능력 또한 향상되었을 것이다. 그렇다면 불안에 대한 인지적 경험은 어떤가? 다시 말해 몸에서 느껴지는 불안은 마음의 합리적 사고에 어떤 영향을 끼치는가? 5장에서는 이 질문에 대한 답을 찾아 우리의 마음속으로 들어가본다. 공포 반응의 인지적 요소들을 되짚어가면서 몸적 자아에 새겨진 불안의 근원을 추적하고, 감각하는 몸과 생각하는 마음 사이에서 벌어지는 활발한 상호작용을 조명한다.

5장

불안한 마음도
습관이다

이 장에서는 부정적인 생각과 핵심 믿음을 집중적으로 다룬다. 그중에서도 이 생각과 믿음이 불안에 어떤 악영향을 끼치고 불안을 지속시키는지 자세하게 살펴볼 것이다. 또한 몸적 시각을 사용하여 부정적인 생각과 핵심 믿음이 왜 생겨났는지, 타인이나 나 자신에 대한 의미 있는 느낌에 어떤 영향을 끼치는지, 어떻게 우리의 마인드셋을 바꾸고 선택과 행동을 좌우하는지 들여다본다. 더불어 정서적 반응이 나타날 때 부정적인 생각 패턴이 어떻게 모습을 드러내는지, 어떻게 지금 이곳에 온전히 머무는 우리의 능력을 억제하고 주체적인 자아 표현을 방해하는지 파악하기 위한 통찰력을 키울 것이다. 끝으로 몸의 소리 듣기를 통해 불안을 지속시키던 무의식적인 생각과 핵심 믿음을 찾아내고, 질문하고, 변화시킨다. 그 결과 마인드셋을 바꾸어 자신감, 희망, 낙관적인 태도를 가지고 삶을 대하게 될 것이다.

몸적 시각을 통해 생각은 몸과 마음에서 일어나는 현상이라는 사실을 배웠다. 다시 말해 생각 패턴과 핵심 믿음은 좌뇌 혼자의 힘으로 만들어지지 않는다. 경험한 사건과 그 사건의 의미가 정서적으로 얼마나 중요한지 평가하는 일은 오히려 뇌간 및 대뇌변연계와 강하게 연관된 우뇌가 담당한다. 그동안 좌뇌는 사건의 모든 측면을 분석하고 파악한다. 이때 '생각'이란 몸이 전달하는 직감적 깨달음과 마음이 전달하는 논리적 사고를 하나로 모으는 과정이다. 하지만 발달 초기 어린아이의 좌뇌는 완전하게 기능하지 못한다. 사실 이 생애 주기에는 좌뇌의 기능이 우뇌에 비해 확연히 뒤처진다. 그래서 유년기에 생겨난 핵심 믿음과 사고방식은 대개 정서를 중시하는 우뇌의 산물이고, 어린아이의 논리력을 고스란히 반영한다. 따라서 우리 몸 깊숙이 자리잡은 핵심 믿음은 사실과 다른 경우가 많다. 게다가 이 믿음은 기본적으로 우뇌의 작용으로 만들어졌기 때문에 쥐도 새도 모르게 암묵기억 속으로 숨어든다. 이 핵심 믿음이 불안을 유발하고 주체적이고 목적 중심적인 삶을 방해하면 문제가 커진다. 지금부터 소개할 스티븐의 이야기가 그 완벽한 예시다.

처음 상담을 시작했을 때 스티븐은 부정적 믿음과 사고방식 때문에 직장생활이 불만족스럽고 인간관계도 행복하지 못하다는 사실을 깨닫지 못하고 있었다. 그저 상황을 더 좋은 쪽으로 변화시키는 선택을 하기가 두렵다는 것 정도만 인지했다. 하지만 스티븐과 몇 마디 대화를 나누면서 나는 그가 타인이나 스스로에 관해 부정적인 핵심 믿음이 있으며, 이것들이 그의 사고를 흔들고 있음을 분명하게 알아차렸다. 스티븐의 핵심 믿음이 정확히 무엇인지는 아직 알 수 없지만, 그 때문에 지금 상황을 바꿀 수 없다는 생각이 굳어진 것은 분명해 보였다. 결과적으로 스티븐은 더 나은 삶을 살기 위한 노력을 스스로 방해하고 있었다. 어린 시절의 경험에서 시작되어 아직까지도 그를 과거에 붙잡아두고 있는 이 숨겨진 인지과정이 대체 무엇일지 궁금했다. 나는 그의 과거에 대해 질문했다.

4형제 중 막내인 스티븐은 셋째 형보다 일곱 살이나 어렸다. 서로 두세 살 터울인 형들에 비해 나이 차이가 많이 나다 보니 스티븐은 형제들 사이에서 소외감을 느끼곤 했다. 10대 청소년인 형제들은 자기들끼리의 세계에 푹 빠져 막냇동생의 관심사에는 심드렁했고, 같이 놀아달라는 부탁을 무시하기 일쑤였다. 스티븐은 학교에서 미술 시간에 큰형을 위해 찰흙으로 풋볼 작품을 만들던 기억을 떠올렸다. 그는 형들과 친해지고 싶은 마음이 정말 간절했다. 큰형은 열성 풋볼 팬이었고, 스티븐은 어린 마음에 형이 자신의 작품을 보고서 크게 감동할 것이라고 생각했다. 같이 캐치볼을 하자고 운동장으로 불러주거나 자기 방에 초대해 함께 놀아줄지도 모른다고 생각했다. 하지만 환상은 산산이 깨지고 말았다. 큰형은 스티븐이 작품을 만들면서 담뿍 담았던 기대에 보답하기는커녕 작품에 대해 단 한마디도 하지 않았다. 게다가 부모 모두 긴 업무시간 때문에 집에 거의 머물지 않아 스티븐은 더욱 힘들었다. 부모는 집에 있을 때도 잡무를 처리하거나 밀린 집안일을 하느라 바빴다. 스티븐은 어린 시절 내내 같이 놀아줄 사람, 애정을 주고받으며 교류할 사람을 간절히 원했다. 하지만 그 욕구가 일관적이고 확실하게 충족된 적은 한 번도 없었다. 이 경험은 그에게 외로움을 안겼다. 스티븐은 스스로를 하찮게 여겼으며 소중한 사람들이 자신을 중요하게 생각하지 않는다고 느꼈다.

상담을 진행하면서 본 스티븐은 배려심 많고 세심하며 생각이 깊은 사람이었으며, 타인의 행복을 위해 자신의 욕구를 덮어놓는 경향이 강했다. 그는 현장관리자로 일하면서 직원들을 돕기 위해 중요한 약속을 포기하고 업무시간 이후까지 남는 일이 많았다. 연애를 할 때도 여자친구의 차를 세차해주거나 잡무를 대신해주는 등 여자친구가 할 일들을 도맡아 했다. 스티븐은 상담을 하면서도 상담 내용이 혹시 나를 불편하게 하지는 않았는지 내 눈치를 봤다.

어느 날 스티븐은 며칠 전 여자친구와 있었던 일 때문에 전에 없이 기분이 상한 채 상담실을 찾았다. 그날은 여자친구의 생일이었다. 그는 어떻게 해야 그녀를 향한 애정을 보여줄 수 있을까 매일같이 고민하다가, 여자친구가 가장 좋아하는 음식으로 깜짝 이벤트를 한 뒤 그녀가 보고 싶다고 했던 영화를 보러 갈 생각이었다. 하지만 상황은 계획대로 흘러가지 않았다. 스티븐은 음식을 차리고 방을 꽃과 풍선으로 꾸몄다. 집 안에는 손수 만든 라자냐와 마늘빵 냄새가 가득했다. 이윽고 여자친구가 문을 열고 들어오더니 코트를 벗고 탁자 끝에 선 채로 말했다. "이게 다 뭐야?" 그는 들뜬 얼굴로 답했다. "널 위해 준비했어. 네가 가장 좋아하는 라자냐랑 마늘 빵도 만들었어. 이거 먹고 영화 보러 가는 게 어때?" 그러자 여자친구가 답했다. "세심해라. 고마워. 근데 나 지금 너무 피곤하고 배도 별로 안 고파. 누워서 TV나 봤으면 좋겠어." 그러고는 돌아섰다.

이야기를 다 들은 뒤 내가 질문했다. 자신의 사려 깊은 행동에 대한 여자친구의 반응에 어떤 느낌을 받았는가? 스티븐은 기분이 상하기는 했지만 아무 말도 하지 않았다고 답했다. 왜 속에만 담아두기로 했는지 물었더니, 자기 기분을 털어놨다가 여자친구가 마음이 상할까 봐 두려웠다고 대답했다. 여자친구 생일에 그러고 싶지는 않았다고 말이다. 나는 그의 생각을 십분 이해했지만, 일부러 그 생각에 맞서는 질문을 던졌다. "다른 사람의 기분을 배려하는 행동은 정말 훌륭해요, 스티븐. 하지만 **당신의** 기분은 어떤가요? 당신의 기분은 누가 보살펴주나요?" 스티븐이 답했다. "내 기분에 대해서는 제대로 생각해본 적이 없어요." 내가 말했다. "그래 보였어요. 인생이 제자리걸음하는 것 같은 기분이나 불안감을 느끼는 이유가 이 점과 관련이 있지는 않을까 궁금해지는군요."

스티븐의 이야기는 사람들이 주변 상황이나 환경에 대해 무의식적으로 어떤 반응을 보이고 어떻게 적응하는지를 보여주는 대표적인 예다. 내 이야기를 듣기 전까지만 해도 스티븐은 스스로의 기분을 묵살해왔다는 사실을 전혀 몰랐다. 이런 행동이 더 나은 삶을 위한 변화를 방해하는 공포와 관련 있을지도 모른다는 점 또한 깨닫지 못했다. 이 때문에 잘못된 선택을 합리화하고 자기 자신을 두려움으로 몰아넣는 행동을 반복하게 만드는 생각 패턴과 믿음체계가 있다는 사실도 알지 못했다. 그날부터 우리의 목표는 이런 무의식적 사고방식을 발견하고 이와 관련된 정서적·신체적 반응을 알아내는 것이었다. 불안을 해소하고 반복적인 행동 패턴에서 벗어나기 위해서였다. 우리는 다시 한번 그의 어린 시절을 살펴보기로 했다.

유년기의 상처가 만든 잘못된 생각 패턴

몸적 시각을 통해 믿음체계와 그에서 비롯한 생각 패턴을 탐구하다 보면 이 믿음이 유아기에 뿌리를 두며 삶의 굴곡을 따라 끊임없이 발달하고 변화한다는 사실을 알 수 있다. 하지만 앞서 봤듯이 유년기에는 의미부여 과정이 과거와 현재의 의미 있는 느낌에서 크게 영향을 받는다. 어린아이가 어떤 일에 의미를 부여하려 할 때, 아직까지는 우뇌가 운전대를 잡고 좌뇌는 조수석에 가만히 앉아 있기 때문이다. 우뇌가 운전하는 한 아이들의 주관적 경험은 자기중심적이며 정서에 크게 좌우된다. 쉽게 말해 아이들이 경험한 사건과 그 정서적 의미는 대체로 아이의 눈높이에 맞춰져 있다. 실상은 그렇지 않더라도 사건의 중심에 자기 자신이 있거나, 아니면 자기 때문에 벌어진 일이라고 여기는 것이다. 게다가 아이들은 자신의 정서적 경험을 완전한 진실이라고 착각하는 경우가 많다. 특히 거대하고 압도적인 정서를 경험했거나 두려움을 일으키는 상황이 지속적으로 반복된다면 이런 착각은 더욱 커진다. 시간이 지나면서 거짓된 진실이 핵심 믿음으로 굳어지고 이 믿음은 생각 패턴으로 이어져 결과적으로 지각과 행동에까지 영향을 끼친다. 우리는 이 인지과정을 어른이 되어서도 간직하며, 인생을 헤치고 나아갈 때 (대개 무의식적으로) 사용한다. 만약 유년기에 반복적으로 일어났던 두렵고 압도적이고 혼란스럽고 가슴 아픈 경험들이 삶을 짓누르고 있다면, 오늘날 우리가 지닌 핵심 믿음과 생각 패턴 대다수가 그 과거의 경험에서 비롯되었을 가능성이 크다. 다시 말해 그 경험이 불안을 일으킨 주요 요인이었을 것이다.

4장에서 소개한 재닌의 이야기를 떠올려보자. 어린 시절에 엄마가 자신을 쓸모없고 귀찮게 여긴다고 **느꼈던** 의미 있는 경험 때문에 그녀는 스스로를 사랑받을 자격이 없는 사람이라고 **느꼈다**. 재닌의 어린 마음은 이 느낌을 **사실**로 받아들였으며, 이 착각은 몸적 자아에 단단하게 파고들어 핵심 믿음이 되었다. 몸은 이 믿음을 스스로에 대한 평가이자 나를 향한 상대방의 태도로 예측하기 때문에 재닌의 몸은 '아무도 나를 사랑하지 않아'라고 확신했다. 이는 곧 타인을 향한 그녀의 지각에 영향을 끼쳤고, 인간관계에서의 행동 패턴까지 변화시켰다. 재닌의 이야기는 인지과정이 어떻게 주변 세상, 타인, 나 자신에 대한 정서적·심리적 정보를 구조화하는지 보여준다. 어린 시절의 생각과 믿음이 **의미 있는 느낌**을 통해 생겨나고, 그 믿음은 몸적 기억에 새겨져 어른이 되어서까지 인지과정에 정보를 전달하는 **감각처리과정**felt process으로 자리를 잡는다. 그렇기 때문에 불안과 관련한 생각 패턴과 믿음체계를 탐구할 때는 초기 발달 과정을 살피는 것이 아주 중요하다. 이때 과도한 결합의 개념을 다시 떠올려보면 생리적·행동적·정서적 반응과 우리의 인지과정이 어떻게 상호작용하는지 쉽게 이해될 것이다.

불안을 낳는 핵심 믿음 끊어내기

불안과 연관된 생각 패턴과 핵심 믿음을 다루는 궁극적 목표는 이것들을 비활성화하는 것이다. 더 나아가 매 순간 펼쳐지는 현실을 있는 그대로 느끼고, 무한한 가능성을 열린 마음으로 환영하는 새로운 인지과정을 심는 것이다. 하지만 알다시피 생각이란 몸과 마음이 함께 만들어내는 현상이기 때문에 논리와 이성만으로는 인식 패턴을 완전히 바꿀 수도, 오래된 사고방식에서 벗어날 수도 없다. 다시 말해 부정적인 생각과 핵심 믿음을 변화시켜 몸과 마음이 현실을 보고, 생각하고, 경험하는 방식을 완전히 바꾸려면 믿음과 몸 사이의 연결성을 이해하고 목표 지점으로 삼아야 한다. 이 과정을 수월하게 하기 위해서 '과도한 결합'을 다시 살펴보자.

복습하자면 과도한 결합은 압도적이거나 두려웠던 경험을 겪은 뒤 남겨진 다양한 파편(예를 들어 감각자극, 생리적 반응, 행동, 생각, 정서 등)이 무의식중에 다른 파편들과 하나로 얽히면서 발생한다. 이 과정에서 우리는 경험한 사건을 이해하려고 나름의 서사를 구축하고 의미를 부여한다. 이 자기서사에는 나 자신, 타인, 주변 세상에 대한 핵심 믿음과 특정한 생각 패턴이 들어 있다. 자기서사는 암묵기억에 보관되어 있다가 뒷날 우리의 몸과 마음이 비슷한 상황이 벌어졌다고 인식할 때, 마치 재난대책 매뉴얼처럼 역경을 헤쳐나가는 데 이용된다.

과도한 결합은 어쩌다가 우리의 **몸과 마음**에 불안에 관한 인지과정이 새겨졌는지를 자세하게 보여준다. 지금부터 우리의 목표는 몸의 소리 듣기를 사용해서 불안과 연결된 암묵적 인지과정을 파악하고, 그것이 생리적 기능과 활발하게 주고받는 상호작용의 내용을 밝히는 것이다. 더불어 공포 반응과 기억 파편의 과도한 결합을 느슨하게 만들거나 분리할 것이다. 이로써 새로운 정보가 들어갈 공간이 생기고, 이 정보가 의미 있는 느낌과 지각에 전달된다. 또한 불안이 일어나더라도 반응하기까지의 시간이 추가로 생긴다. 다시 말해 반사적 반응이 줄어들고, **느낌과 생각**을 구체화하고 사려 깊은 행동을 취하는 데 필요한 여유시간이 확보된다.

과도하게 결합된 파편들은 공포와 아주 단단하게 엮여 있어 불안이 촉발되었을 때 반사적인 반응을 일으킨다. 반사적 반응은 눈치챌 수도 없이 빠르기 때문에 좌뇌가 적절하게 개입하지 못하고 합리적 사고와 행동 반응을 일치시키기가 어려워진다. 주변 환경이나 상황을 논리적으로 평가하지 못하면 사려 깊은 행동을 할 수 없다. 게다가 상황에 적응하기 위한 반응이 우뇌 중심적이고 반사적인 상태에 머문다면 공포 중심 서사에 갇힌 채 앞으로 나아가지 못한다.

반사적 반응의 상당 부분은 공포 중심 서사를 포함한 과도한 결합에서 비롯한다. 공포 중심 서사의 영향을 받는 경우 현실에 대한 지각 또한 공포를 반영한다. 다시 말해 나쁜 일이 벌어지고 있거나 **앞으로 벌어질지 모른다**는 부정적 예감이 지각에 고스란히 드러난다. 이는 공포 중심 서사가 무의식중에 **과거의 일이 똑같이 재현될 것**이라고 예측하기 때문이다. 이 예측은 인생에서 마주치는 사건이나 주변 환경을 직면하고 해석하는 태도에도 영향을 준다. 현재나 미래에 과거의 일이 반복될 것이라고 예측하다 보면 불안한 생각 패턴과 지각을 강화하는 부정적인 피드백 고리가 생기고, 이미 형성된 과도한 결합을 더욱 강화한다. 이 때문에 우리 몸과 마음은 불안을 지속시키고 현실을 새롭게 경험할 수 없게 만드는 공포 중심 서사에 갇히고 만다.

공포 중심 서사와 그에 깃든 인지과정은 고집스럽고 융통성이 없다. 게다가 주체적인 삶과 진정한 자아 확장을 억누르는 선택을 강요한다. 약점을 드러내서는 안 된다고, 위험을 감수하지 말라고, 실수는 용납할 수 없다고 속삭이고 우리는 그 속삭임에 넘어간다. 공포 중심 서사가 타인은 위험한 존재이므로 믿어서는 안 된다고 속삭이면, 우리는 마음의 문을 걸어 잠그고 혼자가 된다. 아무리 애써도 모든 노력이 물거품이 되리라고 속삭이면 건성으로 노력하거나 아예 시도 자체를 포기하기도 한다. 다른 사람처럼 빛나는 존재가 되지 못한다고 속삭이면 우리 안에서 반짝이던 빛이 흐릿해지거나 아예 꺼져버린다. 위험을 감수해서 실현 가능한 최선의 결과를 얻어냈으면서도 마음속으로는 결과를 인정하지 못하게 만들 정도로 공포 중심 서사는 아주 강력하다. 우리의 마음은 공포 중심 서사가 지닌 감정에 사로잡힌다. 모든 결과는 요행에 불과하거나 우연이며, 이런 행운이 다시 올 일은 없을 테니 너무 들뜨지 말자고 다짐한다.

하지만 공포 반응을 떼어내 몸과 마음을 억죄고 있던 파편들을 분리하고 나면 새로운 정보들을 받아들일 길이 활짝 열린다. 경험했던 일들과 자기 자신에 대해 **이전과는 다른 방식으로 생각하고 느끼게** 된다. 이는 지각을 바꾸고 기존의 서사를 재구성할 기회로 이어진다. 의식적인 분리를 통해서 긍정적인 경험을 더 강조하는 쪽으로 자기서사를 자유롭게 바꿀 수 있다. 내 안의 강인함과 회복탄력성에 대한 신뢰를 바탕으로 생각과 믿음을 변화시키면 불확실한 미래도 기꺼이 맞이할 수 있다. 더불어 과도한 결합을 분리하면 시간이라는 귀중한 선물을 얻는다. 여유가 생기면서 매 순간 펼쳐지는 수많은 가능성을 발견하고 기꺼이 받아들이는 생산적 관점과 새로운 사고방식을 하나로 통합할 수 있다. 과도한 결합을 분리하고 나면 더 이상 **과거의 시각**으로 세상을 보지 않아도 된다. 이제는 **앞으로의 가능성**이라는 시각으로 세상을 보게 될 것이다.

다음으로 소개할 활동은 공포 중심 서사를 인지하고 그와 연관된 생각 패턴이나 핵심 믿음을 알아차리는 능력을 기르는 소매틱 훈련이다. 이 활동에서는 공포 중심 서사에서 비롯된 예감이 지각과 행동에 어떤 영향을 끼치는지 자세히 알아본다. 그리고 몸의 소리 듣기를 사용해 과도한 결합을 분리한다. 또한 근원적인 공포 경험에 새로운 의미를 부여하고 기존의 서사를 재구성한다. 새로 얻은 서사는 우리 안에 잠자고 있던 무한한 가능성을 확신하게 만드는 새로운 사고방식과 핵심 믿음을 선사할 것이다.

사고방식과 핵심 믿음을 탐구하기에 앞서, 이 믿음을 만든 사람은 다름 아닌 어릴 적 나 자신의 몸과 마음이라는 사실을 꼭 기억하라. 어린 시절에 생긴 주관적 경험은 매우 정서 중심적이며, 논리 또한 단순하고 순진하다. 게다가 지금 일어나는 나쁜 일들은 네 탓이 아니라고 달래주고 기분을 이해하게 도와주는 어른도 곁에 없었다. 공포 경험에서 비롯한 핵심 믿음은 지금 당장은 괴로움의 원인이지만, 본래는 우리를 보호하기 위해 탄생했다. 우리가 발견한 핵심 믿음이 지나치게 비합리적이고 비논리적이어서 떨쳐버리고 싶다면, 잘하고 있다는 뜻이다. 다시 한번 강조하지만 핵심 믿음에 양분을 준 것은 바로 우리의 어린 시절 몸과 마음이다. 그렇기 때문에 당연히 이 믿음은 어른의 사고력과 충돌할 수밖에 없다. 마지막으로, 소매틱 훈련을 하는 동안 죄책감이나 수치심 같은 불편한 감정이 생길 수 있다. 공포와 불안을 치유하는 과정에서 흔히 일어나는 증상이다. 핵심 믿음이 우리 내면의 흠결을 뜻하지 않는다는 사실을 기억하며 스스로를 자비롭게 대하라. 핵심 믿음은 겁먹고 혼란에 빠진 어린아이가 두렵고 압도적이며 불확실한 현실에 적응하기 위해서 최선을 다했던 흔적이다.

부정적인 핵심 믿음

두 눈을 감고 두세 차례 심호흡을 한 다음 몸에 주의력을 집중한다. 몸의 감각을 더 잘 알아차릴 수 있을 때 두 눈을 뜬다. 이제 종이를 꺼내어 부정적인 핵심 믿음 목록을 살펴보면서 가장 끌리는 것들을 골라 적어본다. 이때 다음과 같이 작성해야 한다. **'나는 내가 _____하다고 믿는다.'** 예를 들면 다음과 같이 적는다. '나는 내가 잘하는 게 없다고 믿는다.' 아래 목록에 없는 나만의 핵심 믿음이 있다면 그것을 적어본다.

- 나는 쓸모없는 사람이다.
- 나는 실패해서는 안 된다.
- 나는 실패작이다.
- 나는 잘난 구석이 없다.
- 나는 사랑받을 자격이 없다.
- 함부로 정을 주면 위험하다.
- 사랑은 위험하다.
- 사랑은 결국 사라진다.
- 사람들은 내 곁을 떠날 것이다.
- 나는 성공할 자격도, 행복해질 자격도 없다.
- 사람들은 나를 좋아하지 않을 것이다.
- 나는 사랑스럽지 않다.
- 사람들은 나를 있는 그대로 좋아하지 않을 것이다.

- 사람들은 나를 배신할 것이다.
- 사람들은 나를 거부할 것이다.
- 나는 똑똑하지 않다.
- 나는 완벽해져야 한다.
- 친밀하거나 가까운 관계는 위험하다.
- 내 기분을 표현하는 일은 안전하지 못하다.
- 성공이 곧 행복이다.
- 인생은 힘겨운 것이다.
- 나는 타인의 욕구를 채워줘야 한다.
- 타인이 내게 바라는 일을 해야 한다.
- 나는 고통스러운 팔자를 타고났다.
- 홀로 지내는 것이 두렵다.
- 다른 사람들은 모두 나보다 똑똑하다.
- 내 감정을 드러내면 누군가를 잃을 것이다.

지금부터는 부정적인 핵심 믿음 옆에 반대되는 긍정적인 믿음을 나란히 적어보자. 예를 들어 핵심 믿음 중에 '나는 사랑받을 자격이 없다고 믿는다'라는 내용이 있다면 그 옆에 '나는 사랑받을 자격이 있다고 믿는다'라고 적는 식이다.

그다음에는 조용한 장소에서 의자에 앉아 발바닥을 지면에 댄다. 두 눈을 감고 호흡에 주의를 기울인다. 몸을 전보다 잘 알아차릴 수 있을 때, 눈을 뜨고 작성한 목록의 맨 처음에 있는 부정적인 핵심 믿음을 소리 내어 읽어본다. 예를 들어 '나는 사랑받을 자격이 없다고 믿는다'라고 말한다. 그러고는 두 눈을 감고서 SOAR 기법, 곧 감각하기·관찰하기·표현하기·돌아보기를 시작한다. 핵심 믿음을 소리 내어 말했을 때 몸이 어떤 반응을 보이는지 의식한다. 어떤 감각이 느껴지는가?

이번에는 반대로 긍정적인 믿음을 소리 내어 말한다. 두 눈을 감고 SOAR 연습을 진행한다. 몸에서 어떤 반응이 일어나는지 다시 한번 살핀다. 몸이 새로운 믿음을 거부하는가? 그렇다면 그 사실을 어떻게 알았는가? 아니면 몸이 새로운 믿음을 잘 받아들였는가? 그렇다면 그 사실을 어떻게 알았는가? 기존의 핵심 믿음과 새로운 믿음에 몸이 어떤 반응을 보이는지 주의를 기울인다. 새로운 믿음 때문에 생긴 거부감을 빠짐없이 의식해서 살핀다. 새로운 믿음을 받아들이는 열린 마음가짐과 그로 인해 나타나는 몸적 반응 또한 전부 의식해본다.

이제 4장에서 연습했던 '부정적 서사 찾기'의 서사 목록으로 돌아가보자. 이 목록을 보면서 앞서 표시한 핵심 믿음 각각에 알맞은 서사를 연결한다. 이 서사들이 핵심 믿음을 구성하는 생각 패턴들을 어떻게 반영하고 있는지 살펴보는 데 도움이 될 것이다. 서사 하나에 여러 개의 핵심 믿음이 연관되어 있을 수도 있다. 예를 들면 이런 식이다. '내 욕구를 드러냈다가는 무시당할지도 몰라. 내가 무시를 당하는 이유는 나에게 사랑받을 자격이 없기 때문이야.'

다음으로 앞서 연습한 것과 마찬가지로 부정적 생각 패턴과 핵심 믿음 옆에 반대되는 긍정적 생각 패턴과 핵심 믿음을 적는다. 적을 내용은 다음과 같다. '만약 내가 원하는 것을 말하면 누군가 내

말을 듣고 반응할 거야. 그 사람이 내 말에 응답하는 이유는 나에게 사랑받을 자격이 있기 때문이지.'

각 서사에 핵심 믿음을 연결하고 반대되는 긍정적 믿음까지 다 적었다면, 목록에 있는 서사와 핵심 믿음 중에서 가장 끌리는 한 가지를 고른다. 앞서 했던 대로 부정적 서사와 핵심 믿음을 소리 내어 말한 뒤 SOAR 연습을 한다. 부정적 믿음과 생각 패턴에 대해 몸은 어떻게 반응하는가? 부정적 믿음에 대해서 보이는 반사적 반응을 추적하고, 앞서 했던 것과 같은 질문을 숙고해본다.

이번에는 반대되는 긍정적 생각 패턴과 핵심 믿음을 떠올리면서 같은 과정을 반복한다. 그리고 SOAR 연습을 한다. 주변 세상과 나 자신에 대한 새로운 사고방식을 받아들이며 몸의 반응을 살핀다. 그리고 이 몸적 경험을 하는 동안 떠오르는 생각들을 의식한다.

다시 스티븐의 이야기로 돌아가보자. 어린 시절 그의 몸과 마음이 당시의 경험을 어떻게 받아들였으며, 이런 의미부여 과정이 어쩌다가 핵심 믿음과 생각 패턴으로 변모하여 스티븐을 공포로 가득한 인생의 굴레에 가둔 것일까?

스티븐은 여자친구의 생일에 준비한 깜짝 이벤트에 여자친구가 미적지근한 반응을 보이자 기분이 상하고 불안하고 화가 났다. 그럼에도 그는 여자친구의 기분을 망치고 싶지 않다는 이유로 자신의 기분을 표현하지 않기로 결정했다. 나는 이전 상담에서 그가 자신의 감정에 관심을 기울이지 않는다는 사실을 깨달았을 때 했던 말을 상기시켜주었다. 스티븐이 말했다. "맞아요, 신경 안 써요. 그게 무슨 의미가 있죠?" 나는 이렇게 답했다. "그질문에 대한 답은 **당신의 감정에 관심을 기울이면서** 찾아보는 편이좋겠네요. 이 방법이 불안을 이해하는 데 도움이 될지 지켜보죠."

나는 스티븐에게 눈을 감고 몸적 자아에 주의를 집중해보라고 말했다. 그러고는 몸을 더 잘 알아차릴 수 있을 때까지 감각을 추적하라고 했다. 그다음 그가 방금 전에 했던 말을 다시 반복하게 했다. 스티븐이 따라 했다. "내 기분에 신경을 써봐야 아무런의미도 없어." 이 문장을 반복한 뒤 몸에서 무엇이 느껴지는지 설명해달라고 했다. "근육이 땅기고 뻣뻣해요." 스티븐은 배 근처에서 팔을 꼬아 단단하게 팔짱을 끼더니 이렇게 말했다. "지금은 눈썹이 무거워지면서 얼굴이 찌푸려지는 느낌이 들어요." 그의 얼굴을 보니 확실히 화난 표정이었다. 어린아이가 토라졌을때 짓는 표정과도 비슷했다. 그럼에도 그는 자신의 정서적 경험을 알아차리지 못한 채 오직 몸적 경험만을 인지하고 있는 것 같았다. 다시 말해 몸과 마음 사이의 연결이 끊어진 것 같았다. 그래서 나는 스티븐에게 눈썹 사이 주름과 찌푸린 표정을 과장하고 팔짱 낀 팔에도 더욱 힘을 줘보라고 말했다.

몸짓 언어를 극대화하자 스티븐의 뇌리에 무엇인가 스쳐 지나갔다. 그는 꽉 조인 팔짱을 풀고 나를 똑바로 보면서 말했다. "세상에, 나는 화가 나 있군요. 이렇게 속이 상해 있었는지 전혀 몰랐어요. 특별한 생일을 만들어주려고 내가 들인 시간과 노력을 여자친구가 알아주지 않았다니 믿을 수가 없어요." 나는 조용히 자리에 앉아서 스티븐의 몸과 마음이 생동하는 모습, 스스로의 감정에 관심을 기울이게 해주는 자아존중감과 연결되는 모습을 지켜보았다. 이번에는 그의 핵심 믿음과 반대되는 긍정적 믿음을 말해보라고 했다. "나는 중요한 사람이고, 내 감정 또한 관심받을 만한 자격이 충분해." 그가 선언을 마친 뒤, 나는 그에게 몸에서 느껴지는 감각을 설명해달라고 했다. "글쎄요. 조금 느슨하고 가벼워진 기분이에요. 느낌이 아주 좋아요. 하지만 근육에 뻣뻣함이 아직 남아 있어요. 새로운 믿음을 받아들이고 긴장을 푸는 것이 무서워요. 그러고 싶지 않은데, 다시 실망할까 봐 조금 불안해요."

스티븐이 느끼는 거부감은 그리 크지 않긴 해도 처음부터 예상했던 것이었다. 이 새로운 사고방식은 아직 익숙하지 않은 데다 신뢰할 수 없기 때문이다. 스티븐의 몸과 마음은 여전히 나쁜 결과부터 생각하는 습관에 사로잡혀 있었다. 하지만 동시에 과도한 결합에 작은 틈이 생겼고 그곳으로 새로운 정보가 흘러들어올 수 있었다. 이 작지만 강력한 균열은 오래된 정보를 새로운 관점으로 보기 위해 필요한 유연성을 만들어낼 것이며, 주변 세상·자기 자신·타인에 대해서 가졌던 생각과 느낌 모두를 근본적이고 유의미하게 변화시킬 것이다.

시간이 흘러 스티븐은 몸의 소리 듣기를 통해 어린아이였을 때 경험했던 외로움과 소외감이라는 감정, 어른이 되어서도 내면 깊은 곳에 남아 있는 감정에 접근할 수 있었다. 그리고 어린 스티븐이 '나는 중요하지 않은 존재'라는 결론을 내림으로써 반복적으로 무시당했던 경험을 납득한 과정과 그 결론이 핵심 믿음으로 굳어졌다는 사실을 이해했다. 스티븐의 핵심 믿음은 차츰 생각 패턴에도 영향을 주었고, 나는 어떤 사람인지, 나는 세상에서 무엇을 기대할 수 있는지에 대한 자기서사를 구축했다. 예를 들어 스티븐이 지닌 자기서사 중에는 이런 것도 있었다. '내가 누군가에게 다가가면 그들은 나를 무시한다. 내가 무시당하는 이유는 내가 중요한 사람이 아니기 때문이다. 중요한 사람이 아니기 때문에 나의 욕구에 신경 쓸 필요가 없고, 그래서 나는 원하는 것을 얻을 수 없다.' 이 서사는 머릿속에서 일어나지만 그 근원은 몸적 자아가 지닌 풀지 못한 공포에 깊이 뿌리 내리고 있었다. 실망, 외로움, 슬픔, 수치심처럼 충격적인 감정을 다시 경험할까 봐 두려운 마음과 무시당하는 것에 대한 공포 말이다. 이 서사는 스티븐의 몸과 마음 안에서 무의식적으로 작동하면서 삶을 원하는 방향으로 꾸릴 수 없게 방해했다. 게다가 이 공포 때문에 인간관계에서 자신의 욕구를 표현하지 못하고 침묵해야 했다. 준비한 생일 선물을 여자친구가 알은체하지 않았을 때 받은 상처와 분노를 드러내지 못했던 것도 어린 시절 무시당했던 경험이 반복될까 봐 두려워서였다. 변하려고 애써봐야 헛된 노력일 뿐이고 기분만 더 나빠질 것이 뻔하기 때문에 차라리 아무 말도 하지 않고 그 상황을 받아들이는 편이 낫다고 생각했다.

스티븐이 자신의 분노에 접근했을 때, 그가 직면한 것은 다름 아닌 자신의 생존본능이었다. 생존본능은 스스로의 생리적·심리적·정서적 자아를 보호하고 지키기 위해 존재하는 내면의 본성이자 신성한 생명력이다. 생존본능과 직면한 것은 스티븐의 불안 치유에 중요한 전환점이었다. 그 뒤로 그는 더 이상 무력감을 느끼지도, 주변 환경에 속수무책으로 휘둘리지도 않게 되었다. 더 나아가 분노에서 나온 에너지를 사용해서 경계를 세우고, 자신이 느낀 기분을 타인에게 전달하고, 간절히 원했던 변화를 만들어내기 위한 걸음을 내디뎠다. 내면에 있던 어린아이가 비로소 제 목소리를 낼 권리를 되찾았다는 느낌이 들었다. 내면아이는 오래전부터 가족들에게 이렇게 말하고 싶어했다. "나를 무시하지 마! 당신들 때문에 마음이 아파. 외롭고 두려워." 그리고 여자친구에게 이렇게 말하고 싶었던 마음도 만났다. "내가 널 생각해서 한 일에 네가 보인 반응 때문에 나는 상처를 받았어. 나 지금 전혀 괜찮지 않아."

공포 반응과 과도하게 결합된 파편이 느슨해지고 오래된 감정, 시각, 사고방식에 변화가 생기면서 또다시 거절당할지 모른다는 예감은 서서히 사라졌다. 또한 내면의 강인함과 회복탄력성에 가까워진 뒤부터 그는 설사 무시당하거나 외면당하더라도 잘 견뎌낼 수 있으리라는 확신이 생겼다. 다시 말해 무시를 당하더라도 무너지지 않고 버틸 수 있을 뿐만 아니라 그에 상응하는 조치를 취할 힘이 있었다. 시간이 흐르면서 과거가 반복될지 모른다는 예감을 강화하던 핵심 믿음들이 서서히 약해졌다. 이제 스티븐은 자기서사를 다시 구축하고 삶에 확신을 주는 새로운 믿음을 만들었다. 머릿속으로 꿈꾸던 인생을 실현하고 원하는 바를 당당히 요구하는 건강한 권리와 내면의 목소리를 지지하는 새로운 믿음 말이다.

지금부터 소개할 두 가지 소매틱 훈련을 통해서 부정적 인지과정을 구체화하고 그 인지과정이 신체적·정서적으로 어떤 영향을 끼치는지 알아보자. 이로써 불안의 중심에 자리잡은 오래된 정서적 흉터를 치유할 수 있을 것이다.

과거는 과거로 흘려보내기

지난 소매틱 훈련에서 작성한 부정적인 핵심 믿음 목록을 다시 꺼내보자. 각 믿음에 어릴 적 기억을 하나씩 연결한다. 그다음에는 SOAR 기법, 곧 감각하기·관찰하기·표현하기·돌아보기를 진행한다. 당시 이 믿음이 압도적이고 혼란스럽고 두려웠던 주변 상황에 적응하는 데 얼마나 도움이 되었는지 생각해본다.

이번에는 어른이 된 뒤, 최근에 벌어진 상황이나 주변 환경 때문에 이 핵심 믿음이 발동했던 순간을 구체적으로 떠올려본다. 뭔가 떠오르는 사건이 있다면 SOAR 연습을 한다. 이 핵심 믿음이 지금 나의 적응력을 높이는 데 도움이 되는지 곰곰이 생각해본다. 이 믿음의 효용을 평가하는 것이다.

이제 구체적으로 떠올린 핵심 믿음과 반대되는 긍정적 믿음을 소리 내어 말한다. 그다음 SOAR 연습을 한다. 새로운 시각으로 주어진 상황에 대해 생각해보자. 이전보다 좋아졌는가? 몸에 어떤 반응이 나타나는가? 상황을 보는 새로운 시각에 거부감을 느끼지는 않는가? 그렇다면 이유는 무엇일까?

내면의 어린 나를 보듬어주기

부정적인 핵심 믿음 목록을 다시 훑어보면서 믿음을 형성했던 어린 시절의 경험 또는 주변 환경을 하나씩 연결해보자. 이제 눈을 감고 목록에 있는 경험 속으로 들어가 어린아이가 된 자신의 모습을 상상한다. 혼란스럽고, 무섭고, 실망스럽고, 화나고, 상처받은 기분이 든다고 생각해본다.

어린아이가 된 자신을 상상하는 동시에 친절하고 다정하고 인정 많은 어른이 그 아이 곁에 앉아 있는 모습을 그려본다. 이제는 어른이 된 나 자신이 그 아이에게 벌어진 일들을 잘 이해할 수 있도록 설명해주고 있다고 생각해본다. 어른인 내가 어린 나에게 다 괜찮아질 것이라고, 어떤 일도 네 잘못이 아니라고 안심시키는 모습을 상상한다. 진짜 아이를 달래주듯이 내면아이에게도 소리 내어 말해준다. 공포에 빠진 아이가 안도감과 평안함을 느낄 수 있도록 달래줘야겠다는 의지와 사랑, 연민, 이해심을 가지고 말해본다. 계속 상상하면서 SOAR 연습을 한다.

이제 불안과 관련한 생각 패턴과 믿음체계가 몸과 마음의 격렬한 상호작용을 통해서 모습을 드러내는 과정을 더 확실히 이해했을 것이다. 다음은 초점을 옮겨서 불안이 외부 지각에 어떤 영향을 주는지 탐구할 차례다. 내면세계를 이해하고 깨닫는 일도 매우 중요하지만, 인생을 헤쳐가기 위해서는 궁극적으로 주변 세상을 받아들여야 한다. 6장에서는 몸적 시각을 사용해서 불안이 지각, 곧 주변 상황을 체계화하고 해석하고 납득하는 방식에 어떤 영향을 끼치는지 탐구할 것이다. 또한 공포와 불안을 지속시키는 지각에 도전하며 새로운 눈으로 세상을 바라보고 매 순간의 무한한 가능성을 발견할 것이다.

6장

머릿속 불안에
속지 않는 법

지금까지 우리는 몸적 시각을 통해 불안을 조금 더 깊이 이해했다. 또한 자유롭고 주체적으로 살고자 하는 내면의 충동을 옭아매던 풀지 못한 공포를 치유하는 방법도 찾았다. 외부에서 내면을 살피면서 몸의 세포 하나하나에 담긴 영원하고 무한한 지혜를 발견했다. 하던 일을 모두 멈추고 몸의 소리에 귀 기울이며 몸 전체에 진동하는 감각의 파동을 느낄 때, 어떻게 해야 진정으로 그 지혜의 울림을 집중하여 **느낄** 수 있는지 배웠다. 몸적 자아의 직감적 깨달음을 알아차리는 법도 익혔다. 5장에서는 몸적 지혜가 이끄는 대로 길을 걸으며 불안의 다양한 면을 파악하고, 불편한 정서나 환경으로부터 자신을 보호하기 위해 몸과의 연결을 차단하는 다양한 방법, 공포 반응의 독특한 발생 과정, 그 반응을 촉발시키는 자극에 대해서 배웠다. 우리 몸과 마음을 자기서사라는 수렁에 **빠뜨려** 내면의 무한한 잠재력을 부정하고 무력하게 만드는 무의식적인 생각과 믿음에 대해서도 배웠다. 지금부터는 몸적 시각의 맞은편으로 자리를 옮겨 새로운 방향, 곧 내면에서 외부를 살펴본다. 이로써 우리 몸과 마음이 어떤 관점으로 세상을 바라보는지 이해할 수 있을 것이다.

내면세계와 외부세계가 서로 맞닿는 지점을 시각 또는 지각이라고 한다. 지각은 현실을 보는 관점이다. 이때 지각은 단지 눈으로만 보는 것이 아니라 몸 전체가 하나의 사건을 경험하는 것이다. 지각은 능동적으로 펼쳐지는 신경처리과정으로, 주변 세상을 이해하고 체계화하고 납득하기 위해서 오감, 곧 촉각·미각·시각·청각·후각을 동원해 받아들인 정보를 끊임없이 통합한다. 그러므로 지각은 개인이 세상(여기서 세상이란 인간관계·주변 사람·주어진 상황·주변 환경 등을 의미한다)을 바라보는 관점이며, 동시에 세상을 이해하고 경험하고 세상에 의미를 부여하는 나름의 방식을 뜻한다.

또한 지각체계는 흘러들어오는 감각정보가 끊임없이 바뀌더라도 일관적이고 안정적으로 세상을 수용하고 경험하도록 돕는다. 하지만 외부세계를 일관적이고 안정적이라고 여기는 것은 어디까지나 내면세계가 일관적이고 안정적일 때만 가능하다. 내면이 평정을 잃거나 자극에 취약하고 변덕스럽다면 외부세계를 향한 지각도 불안한 내면을 고스란히 반영한다. 풀지 못한 공포가 끊임없이 신경을 제약하며 최악의 상황에 대비하려고만 한다면, 외부세계에 대한 지각 또한 현실을 최악의 상황으로만 본다. 그래서 만일의 상황에 대비해 부정적 예측에 힘을 실어주는 증거를 찾아 온 신경을 쏟는다. 그러다 보면 지각은 이 세상을 위험하고 아슬아슬한 곳, 안전과 생존을 위해서 끊임없이 조심하고 경계해야 하는 곳이라고 단정한다. 그렇다면 우리의 지각이 불신과 두려움으로 가득 찬 이유는 도대체 무엇일까? 이 질문에 대한 답을 찾기 위해서 다시 암묵기억으로 돌아가보자.

늘 최악의 상황을 상상한다면

우리의 지각체계는 좌뇌와 우뇌 양 반구의 이해력과 깨달음을 모두 동원하여 감각정보를 끊임없이 통합시킨다. 논리와 이성이 직감적인 의미 있는 느낌과 결합하면 현실이 끊임없이 변하더라도 안정적이고 유연한 지각을 유지할 수 있다. 그러나 몸과 마음이 불안하면 지각이 마치 놀이동산의 도깨비집 거울처럼 왜곡된다. 풀지 못한 공포의 암묵기억이 감각체계에 정보를 전달하면 그 감각신호를 위험 또는 위협으로 해석하고, 결국 우리가 현실을 보고 경험하는 관점에 영향을 끼친다.

　잠시 앞서 배운 것들을 되짚어보자. 뇌간 및 변연계와 밀접하게 연결된 우뇌는 현재 벌어지는 사건들을 정서적이고 무의식적으로 처리한다. 이때 우뇌는 몸에 새겨진 암묵기억을 일정 부분 참조하며 이와 비교해서 현재 상황과 주변 환경을 판단한다. 지금 이 순간을 재빠르게 훑어 과거와 현재 사이의 공통점을 탐색하고 비슷하거나 익숙하게 보이는 정보를 확보한다. 반대로 이전과 크게 다르거나 과거 경험과 큰 틀에서 들어맞지 않는 낯선 정보들은 배제한다. 이렇듯 우리 몸과 마음은 현재와 과거를 비교하는 방식으로 현재를 이해한다. 눈치챘겠지만 이 과정에는 논리적 판단이 개입하지 않는다. 변연계가 새로 들어온 감각정보에 정서적 의미를 부여하고 나서야 그것을 더욱 이성적으로 평가할 수 있도록 상위피질영역으로 보내는 과정이 이어진다. 게다가 몸과 마음이 불안하면 합리적이고 객관적인 판단 과정까지도 무너지고 왜곡되며, 심한 경우 아예 주도권을 잃기도 한다.

만약 새로 들어온 감각정보가 위협이나 위험을 나타낸다고 결론이 나면, 변연계는 곧바로 뇌간의 도움을 받아 현재에 대한 논리적 평가를 막는다. 이렇게 반사적 반응을 방지해줄 판단력이 상실되면 과거와 현재를 구별하는 능력이 현격히 떨어져 현재의 일에 마치 과거의 일처럼 반응한다. 그래서 몸과 마음이 불안할 때는 지각 또한 **지금 이곳**이 아니라 **그때 그곳**의 경험에 머무르는 경우가 많다.

이번에는 자기서사가 지각에 어떤 식으로 영향을 끼치는지 살펴보자. 이를 통해 지각에 어떻게 과거가 반영되었는지 알아볼 수 있을 뿐 아니라 자신의 지각을 이해해서 기존 지각에 맞설 수 있을 것이다.

걱정한 일이 일어나지 않는 이유

몸적 시각을 통해서 **불안이란 과거의 경험을 모태로 해서 태어난 현재의 두려움이며, 미래 사건을 예측할 때 영향을 끼친다**는 사실을 알았다. 다시 말해 불안으로 말미암아 현실을 왜곡하고 과거와 미래를 분열시키는 지각이 생긴다. 과거의 경험에서 비롯한 풀지 못한 공포와 스트레스가 우리의 불안한 몸과 마음에게 세상은 종잡을 수 없으며 아슬아슬하고 믿을 수 없는 곳이라고 속삭인다. 그러고는 또다시 벌어질 나쁜 일에 대비하기 위해 경계를 강화하라고 지시한다. 그 결과 불안한 몸과 마음은 미래를 예측할 때 계속해서 과거 경험을 참고하며 현재 상황이나 환경에 성공적으로 적응하려고 한다. 이미 눈치챘겠지만 이러한 현실 지각에는 과거가 반복되리라는 전제, 곧 **지나간 일이 다시 눈앞에 펼쳐질 것**이라는 전제가 깔려 있다. 이 사실을 염두에 둔다면 지각에 자기서사가 어떤 식으로 반영되는지, 당신이 가장 두려워하는 그 일을 지각이 어떻게 소리소문 없이 실현하는지 쉽게 이해될 것이다.

앞에서 소매틱 훈련을 하면서 발견한 자기서사를 다시 떠올려보자. 이 서사의 핵심에는 **예감과 예측, 곧 어떤 상황에 결과가 정해져 있다는 믿음**이 있다. 이제 그 서사와 한데 얽혀 있는 핵심 믿음과 그 믿음에서 비롯한 생각 패턴을 짚어본다. 핵심 믿음이 주변 세상과 나 자신에 대한 지각을 어떤 식으로 반영하는지, 그 믿음에서 비롯한 생각 패턴이 우리의 선택과 행동을 어디로 이끄는지 의식한다. 그 믿음과 생각 패턴이 우리 인생에서 주어진 상황, 주변 사람, 주변 환경과 어떻게 관계 맺을지 결정하기 때문이다.

지각은 상호적이다. 지각이란 세상을 이해하고 경험하며 세상에 의미를 부여하는 정보처리과정이다. 세상에 대한 특정한 믿음을 가지고 있거나 일정 방식으로만 세상을 경험했던 사람은 그것에 맞춰 세상과 관계를 맺는다. 다시 말해 타인, 인간관계, 주어진 상황과 주변 환경을 비롯한 세상을 위험하고 믿을 수 없다고 여기면서 그에 걸맞은 태도로 세상을 대한다. 그러면 세상 또한 그 태도에 상응하는 반응을 보인다. 우리가 예측한 세상의 반응은 사실 스스로 만들어낸 것이며, 결국에는 내가 예측한 대로 미래가 현실이 된다. 이 굴레는 지각의 오류를 심화시키고 결과적으로 불안을 증폭시킨다. 그렇기 때문에 공포 반응을 조절하고 불안을 완화하며 삶을 원하는 대로 바꾸기 위해서는 지각에 맞서는 연습이 반드시 필요하다.

지각에 질문 던지기

이 소매틱 훈련의 목적은 지각이 우리 몸과 마음에 어떻게 연결되어 있는지 대략적으로 파악하는 것이다. 더불어 세상을 더욱 정확하고 우호적인 시선으로 볼 수 있도록 지각을 변화시킬 때 경험할 거부감을 미리 체험할 수 있다.

가까운 과거에 불안했거나 슬픔, 분노, 실망 등으로 속상했던 기억을 잠시 떠올려본다. 그 상황을 조금 더 긍정적인 시각으로 다르게 봐본다. 조금이라도 더 밝은 결론을 이끌어낼 것 같은 관점을 찾아봐도 좋고, 타인의 시선을 대입해봐도 좋다.

이제 SOAR 기법, 곧 느끼기·관찰하기·표현하기·돌아보기를 실행한다. 몸이 어떤 반응을 보이는지 살핀다. 어떤 감각이 느껴지는가? 마음속에 어떤 생각이 가장 먼저 떠올랐는가? 그 생각이 자기서사나 핵심 믿음을 반영하고 있지는 않은가? 새로운 지각에 대해 거부감이 생기지는 않았는가? 만약 그렇다면 왜일까?

내담자 그레이스의 이야기를 통해 지각의 영향력을 자세히 알아보자. 그레이스는 고운 심성과 대담함을 동시에 지닌 거침없고 믿음직스러운 여성이다. 그레이스가 누군가를 자신의 경계 안에 들이는 순간 그 사람은 그레이스의 평생 친구가 된다. 그녀는 도움이 필요한 친구에게 흔들림 없는 버팀목이 되어주고, 어려운 친구에게 지갑을 털어 마지막으로 남은 동전 하나까지 내어줄 것이다. 친구를 위해서라면 그야말로 수류탄에 몸이라도 던질 사람이었다. 그레이스가 내 편이라면 정말 든든할 것이다. 이런 그녀가 만성 불안에 시달리고 있다는 사실은 누구도 짐작하지 못했다. 그레이스의 불안은 10대 자녀, 남편과의 관계를 비롯하여 인생 전반에 영향을 끼치고 있었다. 불안의 원인은 딸의 반항적인 태도와 맞닥뜨렸을 때 남편이 자신을 충분히 지지해주지 않았다는 생각에 있었다.

어느 날 저녁, 딸이 친구 집에서 하룻밤 외박을 하고 싶다고 말했다. 하지만 다음 날 학교에 가야 했기 때문에 그레이스는 딸의 요구를 거절했다. 납득하지 못한 딸이 대들면서 엄마의 판단이 불합리하다는 것을 설득하려고 애썼다. 말다툼이 이어지는 내내 침묵을 지키던 남편은 그레이스가 '눈치'를 준 뒤에야 그녀의 말에 동의하며 딸에게 말했다. "엄마 말대로 해라." 그제야 딸은 눈을 흘기고는 쿵쿵 발을 구르며 물러났다.

그날 밤, 그레이스는 딸과 말다툼을 벌이는 동안 자신을 거들어주지 않은 남편에게 얼마나 속상하고 실망했는지 털어놓았다. 남편은 어안이 벙벙한 표정으로 답했다. "무슨 소리야? 내가 얼마나 열심히 당신 편을 들었는데!" 그레이스는 쌀쌀맞게 대꾸했다. "당신이 언제. 꿔다놓은 보릿자루처럼 있을 때는 언제고. 내가 눈치를 준 다음에야 겨우 거들었잖아." 남편은 크게 당황하며 말했다. "내가 끼어들면 상황이 더 심각해지겠다고 판단해서 아무 말도 하지 않았던 거야." 그레이스는 합리적인 사람이고, 남편이 거짓말을 할 리 없다는 사실 또한 알고 있었다. 하지만 남편이 자기 편을 들었다는 사실만큼은 인정하지 못했다. 이 사건으로 그레이스는 기분이 상했을 뿐만 아니라, 외박 사건에 대한 자신의 지각과 남편의 지각을 어떻게 해야 좁힐 수 있을지 막막했다.

둘 사이의 지각 차이를 해결하기 위해서 그레이스는 나와 상담을 진행했다. 그레이스도 부모로서 내린 자신의 결정을 지지한다던 남편의 말이 거짓이 아니라는 사실은 알고 있었다. 하지만 그녀에게 남편의 행동은 지지가 아니라 외면으로 느껴졌다. 나는 그녀가 남편이 더 확실하게 말로 거들어주길 바랐을 수 있다고 말했다. 그레이스도 내 의견이 참고가 될 것 같다고는 했지만, 남편이 도움이 필요한 자신을 외면했다는 기분을 떨치지는 못했다. 그래서 나는 그레이스가 벗어나지 못하고 있는 감정의 정체가 혹시 남편이 자신의 버팀목이 되어주리라는 믿음을 갖지 못해서 생긴 **공포**는 아닌지 돌아보기로 했다. 다시 말해 자신을 지지해주겠다고 말하는 남편을 믿는 것 자체를 두려워하는 것일 수도 있었다.

이런 가능성을 염두에 두고 우리는 그레이스의 자기서사와 믿음체계가 무엇에서 비롯되었는지 살피기 시작했다. 외박 사건에서 드러난 서사 중에는 다음과 같은 내용이 있었다. '내가 도움이 필요할 때 나를 돌봐주는 사람은 아무도 없을 거야.' 이 서사에 내재된 믿음은 다음과 같았다. '내가 기댈 수 있는 사람은 아무도 없어.' 이러한 사고 과정 끝에 그녀는 이런 결론을 내렸다. '그러니까 내 편은 오직 나뿐이야.' 여기까지 상담이 진행되었을 무렵 그레이스는 이 서사가 어디에서 비롯되었는지 서서히 깨닫고 있었다.

그레이스는 자라면서 어머니와 자주 부딪혔다. 그레이스는 어머니를 '극도로 불합리한 사람'이라고 표현했다. 사실 그레이스는 어머니가 갈등 자체를 즐기며 의도적으로 자신의 기분을 상하게 한다는 느낌을 자주 받았다. 상황을 더욱 악화시킨 사람은 순종적이고 수동적인 아버지였다. 아버지는 어머니가 아무리 비이성적으로 행동해도 그레이스의 편을 들어주지 않았다. 어머니와 논쟁에 휘말릴 때마다 아버지는 옆에서 모든 상황을 지켜보면서도 단 한 번도 불합리함을 호소하는 딸의 편을 들어주지 않았다. 그레이스는 그런 아버지에게 몹시 실망하고 상처를 받아서 어머니와 아버지 중 누구 때문에 더 속상한지 모를 지경이었다.

몸의 소리 듣기를 시도하면서 그레이스는 자기서사와 그 원인이 된 과거 경험을 떠올렸다. 이 과정에서 우리는 과거의 사건과 현재 사건 사이의 공통점을 발견했다. 그레이스는 이번 외박 사건에서 은연중에 딸이 꼭 자신의 어머니처럼 비이성적이라고 생각했다. 그리고 남편은 마치 갈등이 벌어지는 동안 자신을 편들지 않고 무력감을 느끼도록 내버려뒀던 아버지처럼 수동적으로 행동하고 있다고 인식했다. 이 외박 사건의 감각 경험이 어릴 적 경험과 너무 비슷했기 때문에 그레이스의 뇌간과 변연계는 두 상황을 사실상 같은 사건이라고 결론지은 것이다. 그 뒤로 그녀의 몸과 마음은 남편을 의지할 수 없는 존재라고 받아들였다. 과거 경험에서 비롯한 공포와 상처가 신경계 안에 풀리지 않고 남아 있던 탓에 남편을 새로운 시각으로 받아들이는 위험을 차마 감수할 수 없었던 것이다. 그레이스로서는 공포에 매달리는 것이 위압감과 무력감을 피할 수 있는 최선의 방어수단이었다. 위험을 감수하고서 눈에 보이는 그대로의 진실, 곧 남편은 아버지와 다른 사람이고 믿을 수 있는 존재라는 사실을 받아들이자니 안도가 되기보다는 훨씬 더 취약해지는 느낌이었다. 하지만 불안을 덜어내기 위해서는 그 위험을 감내해야 했다.

그렇다면 모습을 드러낸 과거 경험을 인지하고 존중하는 동시에 지금 이 순간을 바라보는 관점을 바꾸려면 어떤 방식으로 지각에 맞서야 할까? 그레이스는 어떻게 해야 남편이 자신을 지지해줄 것임을 믿을 수 있을까?

이중 알아차림: 과거는 과거고, 현재는 현재다

이 질문에 대한 해답은 바로 이중 알아차림dual awareness을 단련하는 것이다. 이중 알아차림은 두 개의 장소를 동시에 의식적으로 알아차리는 능력이다. 다시 말해 우리 몸이 **그때 그곳의 경험**을 간직하고 있으며 암묵기억이 작동 중이라는 사실을 의식적으로 알아차리는 동시에, 우리가 발 딛고 있는 곳은 바로 지금 이 순간이며 우리는 **지금 이곳에서 벌어지는 일**을 경험하고 있다는 사실을 알아차리는 것이다. 이는 불안으로 인해 과거와 미래로 주의가 분산된 마음과는 완전히 다르다. 이중 알아차림은 현재의 경험이다. 현재에 떠오른 과거를 단순히 알아차리되, 현재는 과거가 아니라는 사실을 분명하게 인지하는 것이다.

이중 알아차림을 연습하면 계속해서 세상을 위험하고 위협적이라고 느끼게 만드는 불안을 해소하고 왜곡된 지각에 맞설 기회가 열린다. 감정과 몸의 감각에 주의를 집중하면, 현재 활성화된 과거의 암묵기억에 속한 **경험자**로서의 나를 의식할 수 있다. 그와 동시에 자신의 위치를 외부 환경에 가져다 놓음으로써, 현재에 경험하고 있는 일들을 지켜보는 **관찰자**로서의 나 또한 의식할 수 있다. 경험자로서의 나와 관찰자로서의 나를 이중으로 알아차리면 양쪽 모두의 지각을 사용해서 현실을 볼 수 있다. 그러면 관찰하는 나(좌뇌)를 이용해서 경험하는 나(우뇌)의 공포와 불안에 영향을 받은 지각에 맞설 수 있다. 이중 알아차림은 이런 방식으로 좌뇌와 우뇌를 협력시켜 새로운 지각을 만들고, 세상을 바라보던 낡은 시각을 바꾼다. 시간이 지나면서 이중 알아차림은 우리의 객관적 지각 능력을 강화하는 동시에, 주관적으로 경험하는 의미 있는 느낌과의 연결도 유지시킨다.

지금부터는 이중 알아차림을 훈련할 수 있는 몸의 소리 듣기와 SOAR 연습을 소개한다. 활동 도중에 신경이 과도하게 활성화되는 느낌이 들면 잠시 멈추고 3장에서 연습한 자원 활용하기, 그 라운딩, 주변 살피기로 돌아간다. 신경을 평정 상태로 되돌리고 활동을 완수하는 데 도움이 될 것이다. 그래도 마음이 가라앉지 않으면 활동을 완전히 멈추고, 충분히 회복한 다음 지금보다 강해진 느낌이 들 때 다시 시도해보자.

그때 그곳, 지금 이곳

방해받지 않는 조용한 장소에 자리를 잡는다. 잠시 최근에 불안했던 순간이나 기분이 상했던 기억을 떠올린다. 원한다면 이 장의 첫 번째 활동에서 떠올렸던 사건을 다시 활용해도 좋다.

이제 두 눈을 감고 호흡을 알아차린다. 그러고 나서 그 알아차림의 범위를 몸 전체로 확장한다.

몸에 완전히 집중한 뒤에는 SOAR 기법, 곧 감각하기·관찰하기·표현하기·돌아보기를 실시한다. SOAR 연습을 하는 동안에는 암묵기억이 활성화하면서 몸 안에 진동하는 감각들이 나타난다. 다시 말해 우리 몸은 '그때 그곳'의 경험을 기억하고 있다.

SOAR 연습을 하며 느껴지는 감각들을 소리 내어 표현하면서, 알아차린 것들을 지금 눈앞으로 불러들일 준비를 한다. 준비됐다는 느낌이 들면 천천히 두 눈을 뜨고 방 안을 둘러보면서 눈에 띄는 물건의 이름을 부르고 주변을 살핀다. 스스로를 현재에 단단히 붙잡아놓고 자신이 다름 아닌 '지금 이곳'을 경험하고 있다는 사실을 의식한다. 그리고 여기에는 두려워할 것이 하나도 없다는 사실을 확인한다.

이제 본격적으로 이중 알아차림을 시도한다. 이중 알아차림이란 과거의 몸감각을 경험하는 나를 알아차리는 동시에, 지금 이 순간에 주변을 관찰하고 있는 나를 알아차리는 것이다. 몇 분 정도 내면세계와 외부세계 중간에 있는 주의력을 서서히 교차시키는 동시에 양쪽의 알아차림을 그대로 유지한다. 이때 이중 알아차림을 소리 내어 표현하면 도움이 된다. 예를 들어 이렇게 표현한다. "다리가 들썩거리고 가슴이 꽉 조이는 느낌이 든다. 호흡이 조금 얕아진다. 방 저편에 파란색 안락의자와 탁자 위에 있는 유리 화병이 보인다. 이것들을 보고 있으면 내가 바로 지금 이곳에 있으며 다 괜찮을 거라는 생각이 든다."

이 과정을 마치면 반드시 주의력을 호흡으로 되돌린 다음 스스로를 몸에 단단히 붙잡아놓는다. 그다음 다음과 같이 말해본다. "나는 바로 지금 이곳에 있으며, 아주 멀쩡하다."

다시 그레이스의 이야기로 돌아가보자. 남편의 지지를 신뢰할 수 없게 만들었던 그레이스의 공포는 몸의 소리 듣기와 이중 알아차림을 통해 해결되었다. 그렇다면 그레이스는 어떻게 기존 지각을 바꿀 수 있었을까?

어느 날 상담시간에 나는 그레이스에게 자리에 앉아 두 눈을 감고, 외박 사건을 떠올리며 몸의 소리 듣기를 해보자고 말했다. 그러고는 그녀의 주의력을 딸과 갈등이 있었던 순간, 그러니까 간절했던 남편의 지지를 결국 얻지 못했던 그때로 이끌었다. 당시 순간에 접근하여 감각을 추적하던 중 그레이스는 공포 반응을 경험하기 시작했다. 심장박동이 빨라지고, 배에 응어리가 느껴졌으며, 목이 조이는 기분이 들었다. 나는 그레이스에게 천천히 눈을 뜨고 발에 주의를 기울이면서 발바닥 아래 지면의 단단함을 느껴보라고 말했다. 지면과 완전히 연결된 다음에는 천천히 방을 둘러보면서 눈에 띄는 물건의 이름을 소리 내어 말해보라고 했다. 다음으로 현재 이곳에 있는 자신과 과거에 대한 생리적 경험을 한꺼번에 느끼는 이중 알아차림을 유지해보라고 했다. 그레이스는 자신의 몸이 경험하고 있는 과거의 공포를 알아차리는 동시에 지금 이곳에 있으며 실제로는 위험한 상황이 아니라는 사실 또한 알고 있다고 답했다.

이중 알아차림을 유지하는 동안 그레이스의 신경이 조금씩 안정을 되찾으면서 지각을 변화시킬 기회가 찾아왔다. 나는 외박 사건을 다시 떠올려보라고 한 다음, 그 자리에 서서 **남편의 무신경함** 대신 **자신을 지지해주는 남편의 존재**를 상상해보라고 했다. 다시 말해 그레이스는 능동적으로 지각을 바꿔 당시 남편이 자신을 든든하게 받쳐주는 상상을 했다. 그레이스의 몸이 또다시 공포 반응을 나타냈다. 나는 다시 한번 주의를 환기하며 그녀가 주변에 있는 외부 공간에 집중하도록 했다. 마침내 현재로 돌아온 그레이스는 자신의 몸이 계속해서 경험하고 있는 이 공포가 기존의 지각에 저항하면서 생기는 반응임을 깨달았다.

상담시간 내내 그레이스는 이중 알아차림을 사용해서 지각에 맞섰다. 처음 지각을 바꾸려 할 때는 몸과 마음이 공포를 느끼고 저항했다. "너무 어려워요. 그리고 너무 위험하게 느껴져요." 내가 질문했다. "어떤 점이 위험하게 느껴지나요?" 그레이스는 한참 동안 깊이 생각했다. "논리적으로 설명할 수가 없네요. 그냥 이후의 결과가 두려워요." 나는 조금 다른 방법을 시도해보기로 하고, 어머니와 말다툼을 벌일 때 기분이 어땠는지 질문했다. "최악이에요. 어떤 말도, 어떤 행동도 아무런 효과가 없어요. 엄마는 꿈쩍도 안 해요. 이 싸움에서 나는 완전히 혼자이고, 무력해요." 말을 잇는 동안 그레이스는 몸이 떨리고 목이 메었다. 몸 안에서 요동치는 감정들을 내버려두자 거부감이 잦아들면서 두 눈에 눈물이 차올랐다. 그레이스는 새로운 지각을 받아들이고 남편은 언제나 든든한 내 편이라고 믿으려고 할 때마다 부모와의 관계에서 느꼈던 모든 감정이 손에 잡힐 듯 생생해진다고 말했다. 어머니 때문에 느꼈던 분노·두려움·무력감, 딸을 보호하지 않는 아버지에게 느꼈던 배신감. 옛 지각은 이런 감정들이 다시 찾아오지 않도록 그녀를 보호하고 있었지만, 결과적으로는 불안을 지속시켰다. 그레이스는 세상을 보는 오래된 지각 때문에 타인을 의지할 수 없는 존재로 여겼고, 신경계가 무력감과 외로움으로 가득한 과거에 갇혀버렸다.

그레이스처럼 정서적 괴로움이나 스트레스에 대해 공포를 느끼는 경우는 아주 흔하다. 불안은 단순히 주변에서 뭔가 끔찍한 일이 벌어질지 모른다는 공포가 아니라 어떤 **끔찍한 감정 자체에 대한 두려움**이기도 하다. 불안에는 공포의 시초가 된 사건을 겪는 동안 느꼈던 지독하고 압도적인 감정을 똑같이 경험하는 것, 그리고 그 공포를 혼자서 무력하게 맞이하는 것에 대한 공포가 담겨 있다. 어린아이의 미숙한 신경계가 거대하고 불쾌한 정서들로 가득 차면 마음은 혼란에 빠지고 몸은 압도된다. 스스로의 정서적인 반사 반응을 이해하고 다스리는 능력에 비해 정서적 예민함이 훨씬 앞서는 10대 청소년도 마찬가지다. 그러므로 어른에게서 다정하고 한결같은 위안과 지지를 충분히 받지 못한 어린아이나 청소년이 정서적으로 압도되면 이 감정이 몹시 공포스러운 경험으로 남을 수 있다. 그레이스가 바로 이런 경우로, 그녀는 어머니와의 말다툼 자체를 두려워하는 동시에 그로 인한 끔찍한 정서의 폭풍을 무서워하고 있었다.

다음은 이중 알아차림을 연습하고 잘못된 지각을 변화시켜줄 소매틱 훈련이다. 이 활동은 기존의 부정적인 **핵심 믿음**과 더 합리적이고 현실적인 **인지**를 대비시킨다. 간단히 말해서 사람은 좌뇌로 '인지하고' 우뇌로 '믿는다'. 논리적이고 객관적인 좌뇌는 지금 두려워할 이유가 아무것도 없다는 사실을 인지한다. 하지만 우뇌는 이 인지적 진실을 신뢰하지 않는다. 우뇌는 주관적 경험에서 비롯한 주관적 사실을 간직하고 있으며, 그 주관적 경험은 이 세상이 위험하다고 말하기 때문이다. 달리 말해 우리는 **인지한 것을 그대로 믿지 않는다.** 다음 활동의 목표는 인지한 내용을 믿을 수 있도록 우뇌와 좌뇌를 일치시키는 것이다. 이 활동을 통해 이전보다 강해진 주도권을 느끼고, 주변 세상이 조금 덜 무서워지며, 우리의 노력과 존재 자체에 세상이 응답하고 있음을 실감할 것이다.

인지와 믿음

5장에서 살펴봤던 부정적인 핵심 믿음을 다시 들여다보자. 지금 가장 끌리는 것 하나를 선택해서 종이 위에 적는다. 예를 들면 다음과 같다. '나는 내가 외롭고 무력하다고 믿는다.' 그러고는 부정적인 믿음 옆에 그 믿음과 반대되는 말을 적는다. 이때 꼭 다음과 같은 형태로 작성해야 한다. **'나는 A와 B라고 믿는다. 하지만 C와 D라는 사실을 인지하고 있다.'** 예를 들면 이런 식이다. '나는 내가 외롭고 무력한 사람이라고 믿는다. 하지만 나는 내가 강인하고 유능하며, 주변 사람들의 지지를 받고 있다는 사실을 인지하고 있다.'

이번에는 인지하고 있는 진실을 직접 경험했던 기억이나 사건, 그러니까 부정적인 핵심 믿음과 반대되는 경험을 했던 순간들을 나

열한다. 위의 예시처럼 나 자신의 강인함과 유능함을 느꼈거나 주변 사람들의 지지를 받았던 순간을 나열해본다. 목록을 완성한 뒤에는 작성한 문장을 반복해서 읽는다. '**나는 A를 믿는다. 하지만 B라는 사실을 인지하고 있다.**' 그러고는 다음 문장을 덧붙여 읽는다. '**내가 그 사실을 인지하는 이유는 _____이기 때문이다.**' 완성하면 다음과 같을 것이다. '나는 내가 무력하고 외롭다고 믿는다. 하지만 나는 내가 강인하고 유능하며, 주변 사람들의 지지를 받고 있다는 사실을 인지하고 있다. 내가 이 사실을 인지하는 이유는, 나서서 의견을 말하기 힘든 순간에도 일어나 발언한 적이 있기 때문이다. 나는 샐리의 응원을 받아서 목소리를 냈다.'

'**나는 A를 믿는다. 하지만 B라는 사실을 인지하고 있다. 내가 그 사실을 인지하는 이유는 _____이기 때문이다.**' 이 선언을 모두 마친 뒤의자에 앉는다. 발바닥을 바닥에 붙이고 호흡에 집중한 다음, 주의력을 확장하여 나머지 몸 전체를 살핀다. 이제 위 문장을 소리 내어읽은 다음 SOAR 연습을 한다. 몸에서 살아 움직이는 감각들, 거부감과 안도감 모두를 의식한다.

이 소매틱 훈련은 우리의 경험에서 공포에 가려져 있던 중요한부분들을 직시할 수 있도록 마음을 단련시킨다. 불안한 몸과 마음은 세상이 무섭고 위험하고 의지할 수 없다는 믿음을 뒷받침할 증거를 찾아다닌다. 비슷한 맥락으로, 생존과 안전을 위해 만들어낸핵심 믿음 때문에 우리가 인지하는 진실이 무효화되는 현상을 경험하기도 한다. 나는 이 현상을 '그렇지만 효과Yes, But effect'라고 부른다. '그렇지만 효과'는 우리가 인지하고 있는 진실을 무효화하려는 반응이다. 누구나 내면에 지니고 있는 이 목소리는 믿음과 지각을 변화시키고자 하는 노력을 물거품으로 만든다. 이 소매틱 훈련을 하는 동안 목소리는 이렇게 속삭일 것이다. '나는 내가 무력하고 외롭다고 믿는다. 하지만 나는 내가 강인하고 유능하며, 주변 사람들의 지지를 받고 있다는 사실을 인지하고 있다. 내가 이 사실을 인지하는 이유는, 나서서 의견을 피력하기 두려운 순간에도 일어나 발언한 적이 있기 때문이다. 나는 샐리의 응원을 받아서 목소리를 냈다. 그래, 이것이 진실이라는 걸 안다. 그렇지만 나는 샐리만큼 강인하지 못하다. 내가 무력했던 순간이 기억난다⋯⋯.'

'그렇지만 효과'가 나타날 때는 단순히 그 현상이 나타났다는 사실을 인식하고 소리 내어 말해본다. 우리의 안전과 웰빙을 보호하고자 하는 이 현상의 본래 의도를 인정하자. 그러고는 당신이 인지하고 있는 진실로 돌아가 그것을 알아차림으로써 조심스럽게 이 믿음에 맞서본다. 이 과정을 진행하며 SOAR 연습을 한다. 몸에서 느껴지는 거부감에 맞서고, 우리가 **인지하고 있는 사실**을 몸적 자아와 통합시키는 작업을 진행한다.

팁 불안이 촉발될 때에는 지금 이 순간 **믿고 있는 것**을 구체화해본다. 그리고 나서 주어진 상황이나 주변 환경의 어떤 특성 또는 특정 인물에 대해 **인지하고 있는 진실**을 사용해서 그 믿음에 맞서본다. 세상을 보는 관점을 왜곡시키던 과거의 잔해를 제거하고 지각에 변화를 주는 데 도움이 될 것이다.

7장에서도 내적 경험과 외적 경험을 하나로 연결하기 위해 몸적 시각을 계속해서 사용할 것이다. 이로써 불안이 우리 지각과 행동에 어떤 영향을 끼치는지 더 심층적으로 이해할 수 있다. 특히 7장은 불안이 인간관계에서의 경계 설정 능력에 어떤 식으로 영향을 끼치는지 집중적으로 다룬다. 자기 자신이나 타인을 대할 때 경계를 설정하면 신체적·정서적 자아를 보호하는 동시에 타인에게 마음을 열고 여유롭게 대할 수 있다. 지금까지 배운 내용을 활용하여 어린 시절의 경계 설정 경험이 어떻게 타인에게 욕구를 드러내기를 두려워하게 했는지, 이 불안 때문에 어른이 되어서도 타인과 적절한 거리를 정하고 조절하는 데 어떤 어려움을 겪고 있는지 알아보자.

버거운 관계에서
적당한 거리를 두는 법

지금까지 우리는 몸적 시각을 사용하여 불안을 느낄 때 우리 몸과 마음이 어떤 방식으로 현실을 경험하는지 더욱 확실히 이해했다. 앞서 봤듯이 불안에는 무수히 많은 외부 원인이 있다. 그중에서도 가장 흔한 원인은 견고하고 확실한 경계boundary를 세우고자 하는 욕망이 멈추지 않고 계속해서 솟아나는 것이다. 내면세계(개인의 생각, 욕구, 취향)와 외부세계(개인의 몸, 물리적 거리)를 보호하기란 매우 힘들다. 게다가 어린 시절 경계를 설정할 때 상실, 반감, 무시에 대한 공포를 경험한 적이 있다면 훨씬 버거워진다. 지금부터는 현재 나의 경계 설정 패턴이 어디에서 시작되었는지, 나아가 왜 관계 속에서 경계를 세우고 욕구를 표현하는 데 어려움을 느끼는지 파헤쳐보자. 더불어 방어적 경계 설정의 필요성을 나타내는 몸의 신호를 인식하거나 해석하는 능력을 조율하고, 경계가 지닌 몸적 본능을 살펴보자. 이를 통해 경계 설정 능력을 강화하고 자유롭게 마음을 열 수 있으며, 필요에 따라 때로는 앞으로 나아가고 때로는 경계를 세우는 스스로의 능력을 신뢰할 수 있다.

경계 설정이란 삶을 긍정적으로 만드는 심오한 기술로, 나 자신의 에너지와 물리적 공간을 보호해준다. 경계는 강가의 둑이나 바다의 해안선처럼 나다운 것과 나답지 않은 것 사이에 그려진 분명한 선이다. 이 선은 **나의 끝자락이자 타인의 시작점**이다. 그렇기 때문에 우리는 경계 안에서 진정한 주체적 자아를 드러낼 수 있다. 경계는 위압감을 느끼지 않도록 우리를 보호하고, 타인이 내뿜는 해로운 감정의 찌꺼기를 흡수하지 않게 막는다. 창의력을 펼치고 자아를 확장하고 표현하려는 신성한 권리를 존중하지 않는 사람들이 우리를 무시하지 못하도록 방패막이 되어준다. 스스로를 믿으며 효과적이면서도 분명한 경계를 세운다면 두려움 없이 자유롭게 세상을 누비고, 장애물이나 방해꾼이 나타나더라도 속수무책으로 휘둘리거나 흔들리지 않는다. 또한 어떤 사람이나 사물이 내 경계 안쪽 마음속 깊은 곳으로 들어올 수 있거나 들어올 수 없는지, 그 이유는 무엇인지 스스로 결정을 내리고 인생의 주도권을 갖는다.

경계는 나 자신뿐 아니라 타인을 지키는 수단이기도 하다. 경계를 세우면 인생에서 소중한 사람들에게 이용당하거나 부당한 대우를 받는 것 같은 억울함이 줄어든다. 경계를 설정하는 법을 배우고 나면 어느새 인간관계가 좋아지고 있다는 사실을 깨닫는다. 나 자신과 주변 사람 모두의 욕구를 충족하는 방향으로 상대의 곁에 머물고 행동할 수 있기 때문이다. 에너지의 원천이 나의 내면에 있을 때 비로소 나누고, 보살피고, 희생하고, 타인을 사랑할 수 있다. 경계를 어디에 세울지, 타인에게 얼마나 마음을 줄지는 온전히 **나 자신의 선택**에 달려 있다. 상대방과 경계의 위치를 맞춰나갈 때도 나는 능동적 참여자로서 협상 테이블에 앉아 타인의 욕구를 존중하는 동시에 나의 욕구도 채울 수 있다. 이로써 나 자신을 포함한 모두의 의견을 존중하는 경계를 설정하게 된다.

하지만 경계가 쓸모없고 예의에 어긋난다고 느끼는 사람도 많다. 모든 사람이 '아니요'라는 말을 듣고도 아무렇지 않은 반응을 보이는 것은 아니다. 사람들은 때로 경계가 해롭고 공격적이고 강압적이라고 생각한다. 그러다 보니 우리가 세운 경계 때문에 종종 타인의 저항이나 비난을 맞닥뜨린다. 이런 경험이 쌓이면 불안이 촉발되어 경계 설정하기는 더욱 어려워진다. 내가 느꼈던 정서적 상처를 타인에게 투영하는 습관 또한 경계 설정을 더욱 어렵게 만든다. 타인에게 '아니요'라고 말하면 내가 거절당했을 때처럼 저 사람도 상처받고, 공격당하고, 통제받는 느낌을 경험할지 모른다고 걱정하는 것이다. 타인에게 정서적 고통을 주고 싶지 않다는 이유로 상대가 느끼는 감정에 대한 책임감을 잔뜩 끌어안은 채 '예'라는 승낙만 남발한다. 그러다 결국은 이용만 당한 것 같은 억울함과 압도감에 빠진다. 그렇기에 우리는 어린 시절의 경계 설정 경험을 반드시 이해해야 한다. 그래야 나와 주변 사람 사이에 효과적인 경계를 세울 수 없게 만드는 불안을 해소하는 동시에 타인이 나를 향해 세운 경계를 적대적으로 받아들이지 않고 인정하며 존중할 수 있다. 이 장의 후반에서는 이 주제를 더욱 확장하여 경계 설정 방식에 영향을 끼치는 암묵적 공포에 대해 다룰 것이다. 먼저 다양한 경계의 종류에 관한 기초 지식을 쌓아보자.

나와 너 모두를 지키는: 내부 경계와 외부 경계

일반적으로 경계에는 내부 경계internal boundary와 외부 경계external boundary 두 종류가 있다. 내부 경계는 생각·감정·욕구·취향과 같은 내면세계의 역동적 변화와 관련된다. 잘 작동하는 내부 경계는 새로 들어오는 정보들을 훑은 뒤 개인의 성장을 북돋우거나 주체적 자아에 가까워지는 데 도움이 되는 정보를 골라 내면에 들여보냄으로써 우리의 심리적·정서적 건강을 지킨다. 더 나아가 내부 경계는 나의 생각·감정·정서를 타인의 것과 구분하는 데 도움을 준다. 그러나 불안으로 인해 신경계가 활성화되면 인지적·정서적 자아를 타인의 것과 구분하기가 점점 어려워진다. 그 결과 자신에게 득이 되지 않는다는 이유로 내 생각과 감정을 마음대로 주무르려 드는 사람들에게 이용당하기 쉽다. 내부 경계는 우리 자신과 핵심 자아를 연결시켜 스트레스를 받거나 위압감을 느끼는 순간에도 나의 필요를 요구할 수 있게 한다.

내부 경계는 정반대 역할도 한다. 다시 말해 내부 경계는 나 스스로를 견제한다. 내 관점으로 타인을 통제하려 들지 않으며 상대가 자기 나름대로 세상을 경험할 수 있게 내버려두는 것이다. 내부 경계가 튼튼하면 나의 지각과 전혀 다른 지각을 마주하더라도 위협을 느끼지 않는다. 오히려 타인의 경험을 경청하고 인정하며 공감하는 동시에 나의 자아도 안전하게 보호한다. 이처럼 흔들리지 않는 내부 경계는 나와 타인을 구분하고 나를 나답게 만드는 다양성을 보전하는 동시에 사랑스럽고 소중한 주변 사람들과 나를 이어주는 정서적 유대감을 지켜준다.

확고한 내부 경계는 생각·감정·욕구에 대한 나의 책임과 권리를 보장한다. 내부 경계가 있기에 내가 내린 선택에 스스로 책임을 지고, 내 생각이나 감정에 대해서 타인에게 책임을 떠넘기거나 주변 환경을 탓하지 않는다. 같은 맥락으로, 내부 경계가 있으면 내 주변을 깨끗하게 정돈할 의무를 느끼되 다른 사람의 일까지 도맡지는 않는다. 다시 말해 타인이 해야 할 일을 대신 하거나 정서적 부담을 떠안지 않더라도 그들을 지지하고 그들에게 공감할 수 있다. 건강한 내부 경계는 이렇듯 타인에게 마음을 내주거나 약점을 드러내도 안전한 공간을 확보하기 때문에 우리는 가깝고 친밀한 인간관계를 가꿀 수 있다.

내부 경계가 내면세계를 보호한다면 외부 경계는 바깥세상,

곧 우리의 몸과 물리적인 공간을 보호한다. 외부 경계는 내 몸에 대한 권리를 명확하게 하고, 주변 사람들이 내게서 얼마나 가까이 또는 멀리 있을지, 내가 원하는 거리는 어느 정도인지 결정할 수 있게 한다. 외부 경계는 단순히 물리적인 몸의 범위를 넘어서서 타인과 한 공간을 공유할 때 안정감을 주는 개인적 거리 personal zone, 곧 심리적 적정 거리를 알려준다. 공유하는 사람이 누구냐에 따라 개인적 거리는 몇 센티미터일 수도 있고 몇 미터에 이를 수도 있다. 이 기준점은 스킨십을 주고받는 정도 역시 조절한다. 외부 경계 덕분에 스킨십이 적절한 순간과 적절하지 않은 순간을 구분할 수 있을뿐더러 나와 상대방 사이에 어떤 스킨십이 허용되는지도 알 수 있다.

외부 경계는 물리적 거리나 스킨십 외에도 개인적인 소유물, 곧 손가방·지갑·서랍 속·편지·컴퓨터·휴대폰 등까지 확장된다. 나의 고유한 내면세계는 개인적 거리 안의 모든 사물과 내용물을 통해 물리적으로 표현된다. 누군가 허락 없이 외부 경계를 훼손한다면 이는 곧 사생활에 대한 침범으로, 완전히 발가벗겨지거나 약점을 들킨 것만 같은 느낌이 든다. 내부 경계와 마찬가지로 외부 경계가 튼튼해야 타인의 외부 경계 또한 존중하고 조심스럽게 대할 수 있다. 나아가 나 자신과 상대방 모두가 건강한 경계 시스템을 지니고 있을 때 안전감을 경험하면서 자유롭고 주체적으로 자기표현을 할 수 있는 상호존중과 신뢰의 인간관계를 조성할 수 있다.

인간관계 속 네 가지 경계 설정 유형

내부 경계와 외부 경계에 대해 알아보았으니, 이제 경계 설정 방식에 따른 경계의 유형을 간략히 살펴보자. 내부 경계와 외부 경계 중 어느 쪽을 손봐야 할지 알아내는 것도 중요하지만, 나의 경계가 어떤 유형인지도 알아야 한다. **경계 설정 유형**boundary setting style이란 경계의 특징적인 모양이다. 예를 들어 어떤 경계는 사슬을 이은 철망 모양일 수 있고, 어떤 경계는 콘크리트 벽돌을 쌓은 장벽 모양일 수도 있다. 다시 말해 구멍이 숭숭 뚫려 드나들기 쉬울 수도 있고, 요새처럼 폐쇄적일 수도 있다. 지금부터는 각기 다른 네 가지 경계 설정 유형에 관해 짧게 설명할 것이다. 각 경계 유형을 살펴보면서 가장 마음에 드는 유형은 무엇인지, 지금 나의 경계는 어떤 유형인지 확인해보자.

기본적인 네 가지 경계 설정 유형은 바로 느슨한 경계loose boundary, 경직된 경계rigid boundary, 변덕스러운 경계oscillating boundary, 유연한 경계flexible boundary다.

느슨한 경계

느슨한 경계는 희미하고 모호하다. 경계가 느슨한 사람은 '아니요'를 외치고 싶을 때도 '예'라고 말하는 습관이 있다. 느슨한 경계는 쏟아지는 요구에서 스스로를 제대로 보호하지 못하며, 일에 압도되거나 고갈될 수 있다. 거절에 대한 공포는 타인을 배려해야 한다는 책임감이나 의무감에서 시작되는 경우가 많다. 그러므로 경계가 느슨한 사람은 자신보다 타인을 우선하는 경향을 보이고, 스스로의 욕구와 주변 사람의 욕구를 구분하기 어려워한다. 경계가 느슨해진 이유는 버림받거나 거절당하는 것에 대한 공포 때문일 수 있다. 내 경계가 상대방의 기분을 상하게 할까 봐, 상대가 앙갚음으로 나에게 상처 입히는 반응을 보일까 봐 공포를 느끼는 순간, 우리는 갈등을 회피하기 위해서 속마음을 꾹 누른 채 상대방의 요구를 순순히 받아들이는 쪽을 선택한다.

'아니요'를 **분명하게** 말하지 못하는 사람이라면 상대방이 나에게 **확실하게** '아니요'라고 말할 때도 예민하게 받아들일 수 있다. 상대가 나에게 경계를 세울 때마다 흠칫 놀라며 서운함을 느낀다. 사실 살다 보면 상대의 경계를 미처 알아차리지 못하고 의도치 않게 개인적인 경계를 넘어서기도 한다. 이는 상대방을 불쾌하게 하므로 예상치 못한 피드백을 받을 수도 있다. 그런데 느슨한 경계는 **상대방**과 **나 자신**을 구분하는 선이 뚜렷하지 않다. 그렇기 때문에 나는 어떤 사람인지, 무엇을 원하고 어떤 욕구를 지니고 있는지 인지하고 의미 있는 자기감을 유지하기가 어렵다. 또한 타인의 욕구에 놀라울 정도로 민감하게 반응하고 주의를 기울이면서도 정작 나 자신의 이익을 챙기고 스스로의 마음을 보호하기 위한 기준점을 또렷하게 세우지 못한다. 그래서 위압감이나 지속적인 불안을 느낄 가능성이 아주 높다.

경직된 경계

경계가 느슨한 사람이 일단 '예'라고 말한다면, 경계가 경직된 사람은 '아니요'라고 말하는 일이 많다. 이 경계는 폐쇄적이어서 밖으로 나갈 출구도, 타인이 들어올 입구도 없다. 사생활을 철저하게 보호하며, 자신이 지닌 패를 가슴께에 바짝 붙인 채 상대에게 보여줘도 괜찮을 카드만을 내보인다. 이러한 고립 생활은 매우 외롭고 고독하며, 사람들과 친밀해지지 못한다. 하지만 이는 처음부터 의도한 것으로, 경직된 경계를 가진 사람은 타인과 친밀해지거나 약점을 드러내는 행위를 위험이자 침입으로 느낀다.

경직된 경계는 타인의 접근을 제한하며 관계를 맺을 때에도 엄격한 잣대를 들이대기 때문에 이 경계를 고집하는 사람은 매우 독립적이고 자립적인 성향을 보인다. 그들의 사전에 도움 요청이란 없다. 이 때문에 방어적이고, 정서적으로 냉담하며, 친해지기 어려운 사람이라는 인상을 줄 수 있다. 경직된 경계는 타인의 생각이나 감정이 나에게 지나치게 영향을 끼치지 않도록 보호하고 스스로를 핵심 자아와 일치시킨다는 점에서는 가치가 있다. 하지만 '예'라고 말할 때 느끼는 불안은 궁극적으로 개인적 성취를 향한 잠재력의 크기를 제한하고, 타인과 가까워지고 경험을 공유하는 즐거움과 기쁨을 가로막는다.

변덕스러운 경계

변덕스러운 경계는 느슨한 경계와 경직된 경계 사이를 오간다. 이런 경계를 가졌다면 '예'라고 말하기 어려워하는 사람들과 '아니요'라고 대답하기 힘들어하는 사람들의 공포 반응과 특성을 한꺼번에 지니고 있을 가능성이 크다. 경계가 변덕스러운 사람은 타인에게 마음을 열거나 약점을 드러내기를 두려워하는 동시에 고립되고 홀로 남는 것 또한 무서워한다. 또한 대체로 어디에 선을 그어야 할지 혼란스러워한다.

　느슨한 경계와 경직된 경계 사이에서 방황하는 사람들은 타인에게 마음을 열고 유대를 쌓고자 하는 욕구가 있으며, 상대를 기쁘게 하거나 도와주고 싶어한다. 하지만 상대와의 거리가 어느 정도 이상으로 가깝게 느껴지는 순간 마음을 열며 나를 드러내는 일이 부담스러워진다. 이는 공포 반응을 촉발하고 관계를 끊는 반사적 반응을 일으킨다. 확고하고 꽉 막힌 경계를 세우고는 유대관계를 끊어버리는 것이다. 그러나 단절을 통한 안정감은 얼마 가지 않고 곧이어 큰 고독감과 함께 사람들을 잃을지 모른다는 공포가 밀려온다. 그래서 경직된 경계를 다시 느슨하게 풀고 문을 활짝 연다. 변덕스러운 경계는 매우 예측하기 어렵고 불안을 자극한다. 의미 있는 느낌에 주의를 기울여도 그것을 신뢰할 수 없고, 안전감을 불러올 내면의 목소리는 자취를 감춘다. 이 때문에 경계를 언제, 어디에 세워야 할지 판단하기 어려워진다.

유연한 경계

유연한 경계는 스스로를 보호할 수 있을 정도로 폐쇄적이면서도 주변 사람이 들어올 수 있을 정도로 개방적이다. 경계가 유연한 사람은 다양한 상황이나 사람에 잘 적응하려면 경계가 필요하다는 사실을 알고 있으며, 매 순간 눈앞에 펼쳐지는 자신의 욕구나 선호도에 알맞게 경계를 조절할 수 있다. 이 능력은 의미 있는 자기감과의 강한 일치, '아니요'라고 거절할 수 있는 건강한 주도권, '예'라고 답할 수 있는 건강한 힘에서 비롯한다. 진심 어린 유대관계를 지향하고 정서적 강요를 거부하는 유연한 경계를 가진 사람은 친밀하고 밀접한 관계를 맺을 수 있다. 더불어 이 경계가 위압감을 느끼지 않도록 지켜주기 때문에 용기를 내어 자아를 확장하고 위험을 감수한다. 반대로 몸과 마음에 평화와 회복이 필요할 때는 용기를 내어 잠시 물러날 줄 안다. 경계가 유연하면 죄책감 없이 거절을 표현하며 타인의 조종에서 나를 보호하고 나 자신과 핵심 자아를 통합시킨다.

나의 경계는 어떤 유형일까?

다양한 경계의 유형을 간단히 살펴봤다. 이번에는 나의 경계는 어떤 유형에 가까운지 생각해보자. 그러고 나서 생각나는 것을 종이에 적어보자.

먼저 두 눈을 감고, 두세 차례 심호흡을 한 다음 몸에 주의를 기울인다. 몸의 감각을 이전보다 더 잘 알아차릴 수 있으면 두 눈을 뜬다. 지금과 같은 유형의 경계를 세운 이유를 곰곰이 생각해본다. 다른 때에 비해 유난히 경계를 설정하기가 힘들었던 여러 가지 상황을 떠올려본다. 힘들었던 이유가 무엇인가?

가족들끼리는 어떤 경계를 세웠는지, 성장기에는 어떤 환경에서 자랐는지 돌이켜본다. 주변 사람들은 내 경계를 존중했는가, 아니면 무시했는가? 나는 그 상황에 어떻게 적응했는가?

경계를 세우기 위해 애썼던 순간이나 '아니요'라고 거절하고 싶었지만 하지 못했던 순간을 떠올려본다. 이 사건은 나에게 어떤 영향을 끼쳤을까?

그다음에는 욕구를 드러냈던 순간, 주변 사람이 내 경계를 존중해준 순간을 떠올린다. 이 경험은 내게 어떤 영향을 주었을까? 현재의 경계에 변화를 주고 싶다면, 어떤 유형으로 바뀌면 좋겠는가? 내 안에 어떤 공포가 변화를 방해하는 것일까? 나의 부정적 생각과 핵심 믿음은 경계 설정 유형과 어떤 관련이 있는가?

마음속으로 경계 설정이 시작된 근원, 현재 경계와 나 사이의 관계에 대해서 곰곰이 생각하며 SOAR 연습을 한다. 진동하는 몸적 자아를 감각하고, 그 울림으로 인해 느껴지는 것을 관찰하고 표현한 다음, 그 감각의 근원으로 짐작되는 사건들을 돌아본다. 내 몸이 이런 반응을 보이는 이유는 무엇일까? 경계를 설정했던 과거 기억을 되살리며 몸적 자아에서는 어떤 일이 벌어지고 있는지 의식한다. 기존과 다른 방식의 경계를 세우는 것에 대해 생각하며 몸에서 어떤 일이 벌어지는지 주의 깊게 살핀다.

우리 몸에 새겨진 어린 시절의 경계 설정에 관한 기억을 살펴보면 자신의 욕구와 취향을 인정하지 못하도록 방해하던 공포를 해소할 수 있다. 더 나아가 경계 설정 문제를 두고 우리 몸과 마음이 서로 어떤 반응을 주고받는지 알아차리는 능력을 키우면 나를 둘러싼 안팎의 세계에 기준점을 정하거나 욕구를 드러낼 때 촉발되는 불안을 조절할 수 있다.

내담자 제니의 이야기를 통해 경계를 설정하는 행동이 불안을 일으키는 과정을 자세히 살펴보자. 제니는 일상의 모든 면에서 경계를 설정하고 자신의 욕구를 표현하는 데 어려움을 느끼고 있었다. 그 정도가 너무나 심한 나머지, 우리가 처음 만났을 때 제니는 타인에게 경계를 세울 때 느끼는 공포에 휘둘리면서 살고 있었다. 제니는 경계를 설정하는 것 자체를 거부하고 있었다. 제니는 '아니요'라고 거절해야 하는 상황과 최대한 마주하지 않으려고 일상생활을 제한하며 반복적이고 예측 가능한 삶을 살고 있었다. 통제는 점점 심해졌고 '예'라고 답해야 하는 일까지도 줄이고 있었다. 새로운 경험에 대해 '예'라고 답하다 보면 결국 거절해야 하는 순간이 오기 때문이다. 승낙도 거절도 두려워진 제니는 자신의 인생에 갇혀버린 느낌이 들었다. 또한 불안의 족쇄에 속박되어 간절한 소망을 이루기 위한 걸음을 내딛지 못했다. 그 소망이란 바로 누군가와 사랑에 빠지는 것이었다. 제니는 사랑하는 사람을 만나 헌신적인 관계를 맺기를 염원했다. 상대방과 애정을 주고받으면서 서로의 삶을 공유하고 싶었다. 하지만 누군가와 관계를 맺기 위해서는 건강하고 유연한 경계를 설정하는 능력이 필요한데, 제니는 이런 경계 설정이 두려워 연애할 기회를 놓치곤 했다.

우리는 몸적 시각을 사용하여 경계 설정을 둘러싼 제니의 근원적 공포를 탐구했다. 그리 오래 지나지 않아 불안의 뿌리를 발견했다. 제니는 경계가 유난히 느슨한 집안에서 자랐다. 자신이 개인적으로나 타인에게 경계를 설정하면 가족들이 좋아하지 않았다. 아버지가 자주 집을 비웠기 때문에 제니는 어린 시절의 대부분을 어머니와 자매들과 함께 보냈다. 가족들은 제니가 어떤 영향을 받는지는 개의치 않은 채, 자신들의 선택을 받아들이고 자기들 욕구를 충족시켜달라고 요구했다. 그 결과 제니에게는 자신의 욕구를 위한 여유가 전혀 남지 않았다. 서로에게 해로운 관계였지만 가족들과 제니를 이어주는 애정이 끈끈했기 때문에 어린 제니는 더욱 커다란 혼란에 빠졌다. 그들은 정말로 서로 친밀했다. 그래서 제니는 애정과 친밀감을 유지하기 위해 별다른 저항 없이 가족들의 경계 유형에 적응했다. 어린 제니는 가족들이 자신에게 요구하는 대로 따르기 위해 무의식중에 자신의 욕구를 차단하고 핵심 자아와의 연결마저 끊어버렸다. 시간이 지나면서 완전히 눈치 백 단이 되어 가족들에게 필요한 것을 미리 예측하고 가정의 평화를 위해서라면 어떤 정서적 혼란도 억눌렀다.

　제니는 가족의 경계 유형에 적응하느라 진정한 자아와의 연결점을 잃어버렸다. 타인의 요구를 들어주느라 너무 바쁜 데다가 경계를 세우기가 너무 두려웠기 때문에 의미 있는 자기감, 곧 나는 누구이며 무엇을 원하고 어떤 욕구가 있는지에 대해서는 더 이상 귀를 기울이지 않았다. 제니가 내게 다음과 같은 질문을 던졌을 때, 나는 제니가 지닌 의미 있는 자기감이 얼마나 희미한지 그 어느 때보다 명료하게 알 수 있었다. "저는 어떤 사람을 좋아해야 하는 걸까요?" 당황한 나는 급하게 되물었다. "그게 무슨 말이죠?" 그녀가 답했다. "그러니까, 제가 연애를 하려면 누구한테 호감을 느껴야 할까요?" 나는 진심으로 깜짝 놀라서 뭐라고 답해야 할지 알 수가 없었다. 나는 얼버무리면서 그녀의 질문 아래에 깔려 있을지 모르는 진짜 문제를 되짚어보는 쪽으로 화제를 돌렸다. 내 머릿속에 떠오르는 대답은 그저 '저로선 알 수가 없군요. 호감이란 선택의 문제가 아니라 누군가를 사랑하게 된 뒤에 느끼는 감정이니까요' 정도였다. 하지만 제니에게는 바로 그 지점, 감정을 느껴야 하는 부분이 문제였다. 그녀는 자신이 무엇을 바라는지 느끼지 못했다. 그저 다른 사람이 무엇을 원하는지만 느끼고 있었다.

제니의 이야기는 우리에게 어릴 적 환경이 경계 유형에 어떤 영향을 끼치는지 자세히 알려준다. 어린아이는 소중한 사람들이 자신의 경계를 어떻게 대하는지를 보면서 스스로의 생각·욕구·취향·소망을 존중하는 법을 배운다. 그리고 그 소중한 사람들이 타인을 향해 그은 경계와 나를 향해 세운 경계의 형태를 관찰하면서 배운다. 이러한 경험들은 우리의 몸적 자아에 녹아들어 어른이 된 뒤에도 욕구 표현이나 스스로의 경계를 설정하는 방식에 무의식적으로 영향을 준다. 한편 제니의 이야기는 몸과의 차단이 언제 어떻게 일어나는지, 불안이 어떻게 경계의 몸적 본질, 다시 말해 경계가 필요하다는 몸적 신호를 정확하게 읽어내는 능력을 가로막는지 분명하게 보여준다. 이렇게 해서 방향을 잃어버린 경계 설정은 신중하고 체화된 행동이 아니라 반사적이고 습관적인 반응으로 변질되고 만다.

몸과 마음은 건강한 경계를 원한다

경계는 감각 경험이다. 나 자신을 위해 나서서 목소리를 내는 힘은 본능적으로 알아차린 의미 있는 느낌, 나의 고유한 자아가 위험에 처했으니 타인이 내면이나 외부 공간을 침범하지 못하도록 방어벽을 세워야 한다는 이 의미 있는 느낌은 감각의 형태로 나타난다. 우리 몸은 경계가 필요하거나 누군가가 나의 경계를 침범했다는 사실을 알리기 위해서 다양한 감각신호를 사용한다. 속이 더부룩하거나 몸이 뻣뻣해지고, 시선을 피하거나 턱에 힘이 들어가고, 어깨가 뭉치기도 한다. 벽에 기대거나 자리를 벗어나고 싶은 충동, 호흡곤란, 동요, 흥분, 짜증을 느끼기도 한다. 증상은 수없이 많고 다양하며 사람마다 다르다. 따라서 무엇보다 누군가 나의 경계를 침범했음을 인지할 수 있도록 경계를 세우며 경험하는 자신만의 의미 있는 느낌에 익숙해져야 한다.

다음의 소매틱 훈련은 몸이 경계가 필요하다고 알리기 위해서 내는 독특한 신호를 더 잘 알아차리기 위한 연습이다. 이 훈련으로 경계가 훼손되거나 훼손될 위험이 있다는 몸의 경고를 알아차릴 수 있다. 경계와 관련한 몸의 신호에 귀 기울이고 그 소리를 의식적으로 충분히 파악하면, 우리를 보호하기 위해 만들어진 내면의 특별한 경보 시스템에 접근할 수 있다.

분명하게 거절하기

집중할 수 있는 조용한 장소를 찾는다.

두 눈을 감고, 주의를 호흡에 집중했다가 몸 전체로 확장하면서 훈련을 시작한다. 몸의 감각을 더 잘 알아차릴 수 있으면 두 눈을 뜬다.

발을 어깨 너비로 벌리고 선 다음, 무릎을 살짝 굽힌다.

이제 아래에 나열된 동작들을 하나씩 차례대로 연습한다. 동작 하나를 마칠 때마다 잠시 멈추고 SOAR 기법을 실시한다. 동작을 마치고 SOAR 기법을 제대로 실행하기 위해 자리에 앉고 싶다는 생각이 들면 원하는 대로 해도 좋다. 마음의 준비가 되면 자리에서 일어나 다음 동작을 연습한다.

거절을 뜻하는 동작들

1. 손짓으로 멈추라는 신호를 보낸다.
2. 손짓으로 멈추라는 신호를 보내며 "아니요"라고 말한다.
3. 가슴 앞에 팔짱을 낀다.
4. 가슴 앞에 팔짱을 낀 다음 몸을 돌리거나 자리에서 벗어난다.
5. 상체를 뒤로 젖히고 몸을 상대에게서 떨어뜨린다.
6. 상체를 뒤로 젖히고 고개를 상대에게서 돌린다.
7. 얼굴 근육을 사용해서 찌푸린 표정, 비웃는 표정, 노려보는 표정, 찡그리는 표정을 지어본다.
8. 턱에 힘을 주고 앙다문다.

9. 턱을 힘을 주고 앙다문 다음 이를 드러내며 으르렁 소리를 낸다.

10. 양팔을 들어 손으로 멈추라는 신호를 보낸다. 그러고 나서 저쪽으로 밀어내는 모습을 상상한다.

11. 양팔을 들어 손으로 멈추라는 신호를 보낸다. 그러고는 "멈춰요"라고 말한다.

12. 두 눈을 가늘게 뜨고 노려본다.

13. 시선을 피하는 흉내를 내본다.

14. 주먹을 꽉 쥔다.

SOAR 연습을 하면서 '아니요'라고 말할 때 어떤 느낌이 드는지 살펴본다. 나의 힘이 커지는 기분이 들었는가? 아니면 해방감? 불편함? 혼란스러움? 앞서 '나의 경계는 어떤 유형일까?' 활동에서 떠올렸던 사건으로 돌아가보자. 경계를 설정하기 어려워한 상황을 돌아보며 이유가 무엇이었는지 떠올린다. 내 가족은 어떤 방식으로 경계를 세웠는지, 나는 어떤 환경에서 자랐는지 되짚어본다. 경계를 세우려고 애썼던 순간이나 '아니요'라고 거절하고 싶었지만 하지 못했던 과거의 순간을 떠올린다. 이 사건은 나에게 어떤 영향을 끼쳤을까? 이 공포가 무엇이기에 제대로 된 경계를 설정하지 못하게 되었을까? 나의 부정적인 생각과 핵심 믿음은 경계 설정에 어떤 정보를 전달하고 있는가?

거절을 연습할 때 도움이 되는 팁

• 거울 앞에서 이 연습을 해보자. 때로는 경계를 설정하는 자신의

모습을 보는 시각 자극이 더 깊은 곳의 암묵기억을 활성화할 수 있다. 또한 시각 자극은 경계를 설정할 때 생기는 불안에 대한 통찰력을 이끌어낸다. 단, 거울 앞에서 연습하며 불편한 느낌이 들거나 거울 때문에 주의가 산만해진다면 거울 앞을 벗어나라. 시각 자극이 없어도 충분히 효과적인 훈련이다.

- 앞에 의자를 가져다 둔다. 그러고는 가장 경계를 세우기 어려웠던 상대가 의자에 앉아 있다고 상상한다. (그 사람을 상징하는 물건이나 베개 등을 의자 위에 올려두면 도움이 될 수 있다.) 그 사람을 생각하면서 앞서 소개한 동작들을 연습하고, 몸에 어떤 반응이 나타나는지 의식한다.

- 각 동작을 따라 하며 경계를 설정하면서 다른 동작을 추가하고 싶은 충동이 든다면, 그 충동을 받아들여 실행에 옮긴다. 그 충동은 제대로 된 경계를 설정하지 못하게 방해하는 공포를 해소하려면 뭔가를 해야 한다고 우리 몸이 내는 소리다.

거절을 원하는 몸의 감각 느끼기

방해받지 않고 집중할 수 있는 조용한 장소를 찾는다.

바닥에 발을 단단히 대고 앉는다. 두 눈을 감고 주의를 호흡에 집중한 다음 몸 전체로 천천히 옮긴다. 이전보다 몸의 감각을 잘 알아차릴 수 있다는 느낌이 들면 눈을 뜬다.

지금까지 한 것과 같은 방식으로 아래 제시된 상황을 하나씩 상상해본다. 하나의 상황을 끝마칠 때마다 잠시 멈추고 SOAR 연습을 한다.

거절이 필요한 상황 상상하기

1. 누군가 나를 빤히 본다.

2. 누군가 나를 노려본다.

3. 누군가 내게 치근덕거린다.

4. 누군가 나와 너무 가까이 와서 선다(예를 들어 상점 앞에서 줄을 서거나 친목 모임을 할 때).

5. 누군가 나와 너무 가까이 와서 앉는다.

6. 누군가 얼굴을 너무 가까이 들이밀고서 말한다.

7. 누군가 '내 쪽에 대고' 거들먹거리거나 경멸하는 투로 말한다.

8. 누군가 내 말에 꼬투리를 잡는다.

9. 누군가 내 허락 없이 스킨십을 한다(예를 들어 끌어안거나, 손을 잡거나, 나를 무릎에 앉히거나 내 무릎에 앉는 행위 등).

10. 누군가 내 손목이나 팔을 움켜잡는다.

11. 상상을 모두 마치고 SOAR 연습을 하면서, 앞서 '나의 경계는 어떤 유형일까?' 활동에서 떠올렸던 사건으로 돌아간다. 경계 설정에 대한 몸적 신호를 더 깊이 통찰할 수 있을 것이다.

나만의 공간, 상대방의 공간

이번 소매틱 훈련에서는 인간관계에서 건강한 내부 경계, 다시 말해 나와 상대 모두가 각자의 자아를 드러낼 만큼 여유 공간이 충분한 경계를 설정했을 때 어떤 느낌이 드는지 상상력을 동원하여 탐구해볼 것이다. 여느 때와 마찬가지로 눈을 감고 주의력을 호흡에서 몸으로 천천히 옮겨 몸이 바닥에 닿아 있는 감각을 느끼면서 훈련을 시작한다. 준비되면 눈을 뜨고 다음 질문에 대해 생각해본다.

1. 소중한 누군가와 갈등을 빚었던 순간을 떠올린다. 그 사람이 나와 다른 의견이나 믿음을 드러내지는 않았는가? 어쩌면 거기서부터 둘 사이의 대화가 삐걱거리기 시작하여 오해로 번졌는지도 모른다.

2. SOAR 연습을 한다. 감각하고 관찰한 다음, 당시 갈등에 대해 곰곰이 생각하면서 몸 안에서 진동하는 감각들을 소리 내어 표현한다. 이 감각들을 잠시 추적하면서, 감각이 움직이거나 몸의 다른 부위로 옮겨가는지 살핀다. 그 감각 자체가 변하고 있는지 관찰한다. 예를 들면 가슴의 응어리가 손발의 저릿저릿한 느낌으로 바뀔 수 있다.

3. 나에게 생각·믿음·감각의 다양성을 받아들이고 존중할 수 있는 유연한 내부 경계가 생겼다고 상상해본다. 이 경계를 세우는 동안 몸에서 어떤 반응이 일어나는지 의식한다.

4. 이 유연한 경계가 어떻게 나와 상대 모두가 납득하고 타당하게

여길 만한 해결방안을 가져오는지 상상한다. 이 결과에 대해 몸이 어떤 반응을 보이는지 의식한다.

제니의 이야기로 돌아가서, 그녀가 자신의 인생을 되찾고 사랑에 빠지고 싶다는 욕구를 충족하기 위해 어떤 방법으로 몸의 소리 듣기를 활용했는지, 어떻게 어린 시절에 만들어진 경계 설정에 대한 공포를 해소했는지 알아보자. 제니는 놀라울 정도로 따뜻하고 넓은 마음을 지닌 재능 있는 예술가다. 제니가 다른 무엇보다 간절히 원하는 것은 자신의 삶을 공유할 동반자였다. 경계 설정에 대한 공포가 새로운 경험에 도전할 기회를 앗아가고 있었기 때문에 제니는 연애는 고사하고 사랑과 기쁨을 안겨줄 대상 자체를 찾을 수도 없었다. 우리는 우선 어린 시절 경계를 설정했던 경험과 관련된 암묵기억을 찾아내기로 했다.

제니는 굉장히 느슨한 경계를 고집하는 집안에서 자랐지만, 사실 그녀 자신은 경계가 눈에 띄게 경직되어 있었다. 왜 이런 모순이 생겼을까? 이 질문에 대한 답을 찾고 불안을 누그러뜨리기 위해 나는 어린 시절에 생긴 암묵기억을 찾아서 소매틱 훈련을 시도해보자고 제안했다. 제니는 기다렸다는 듯 동의했다.

나는 제니에게 눈을 감고 몸에 주의를 집중하라고 말했다. 제니가 바닥을 느끼며 몸적 알아차림을 실행할 때, 나는 그녀에게 연인과 함께 있는 자신의 모습을 상상해보라고 말했다. 순간 제니가 몸을 강하게 웅크렸다. "지금 몸에 어떤 느낌이 드는지 말해줄 수 있겠어요?" 내 질문에 제니가 답했다. "으, 아니요. 너무 힘들어요." 제니의 반사적인 반응은 아주 강렬하고 즉각적이었다. 게다가 몸을 웅크림으로써 그 감각을 재빨리 끊어내려 하고 있었다. 그녀가 거대하고 깊은 공포를 느끼는 것이 분명했다. 위압감을 느끼지 않고 찬찬히 감각을 지켜보기에는 아직 훈련이 부족했기 때문에, 나는 그녀의 주의력을 주변 공간에 집중시켜 현재로 돌아오게 했다. 제니는 시야에 들어온 사물 몇 가지의 이름을 소리 내어 말했고, 나에게 주의를 돌리고는 지금까지 일어난 일에 대해 조용히 사색하며 앉아 있었다. 나는 아무 말도 하지 않았다. 잠시 시간이 흐르자 제니가 먼저 말문을 열었다. "사랑하는 사람과 함께 있는 상상을 했을 때 나 자신을 잃어버린 것 같은 기분이 들었어요. 내 별난 버릇이나 개인적인 소망, 의견 따위는 받아주지 않을 것만 같았어요. 그 사람이 원하는 대로 내가 바뀌어야 할 것 같은 느낌이 들었어요. 나는 중요하지 않은 사람, 존재하지도 않는 사람이 된 것 같았어요."

제니에게 관계 맺기란 완전한 자아 상실을 의미했다. 제니에게는 자신과 타인 사이를 구분할 경계 비슷한 것이 아무것도 없었다. 제니의 암묵기억은 타인의 욕구와 소망을 충족하려면 자기 자신의 욕구와 소망을 포기해야 한다는 무의식적인 믿음을 드러냈다. 그러지 않으면 아끼고 의지하는 사람들과의 애착이 깨지고 외톨이가 된다고 믿고 있었다. 이 믿음 때문에 과거 어린 제니는 궁지에 몰렸다. 자기 자신을 잃거나 소중한 사람들을 잃거나 둘 중 하나였다. 어린아이에게 자신이 필요로 하고 애정을 느끼는 사람들을 잃거나 잃을 수 있다는 위협보다 두려운 일은 없다. 그래서 제니는 가족 간의 애정과 애착을 지키는 대신 스스로를 포기하기로 결정했다. 하지만 어린 시절에 각인된 암묵적 공포는 해소되지 못했다. 때문에 그 공포가 몸적 기억에 새겨졌고, 어른이 되고서도 어린 시절의 난처함이 무의식 속에서 지속되었던 것이다. 어른이 된 지금 그때와 다른 점이 한 가지 있다면, 이제는 주변 사람이 아닌 자기 자신을 잃어버릴까 봐 두려워하고 있다는 것이다.

암묵기억을 찾아내 제니의 경직된 경계를 헤아리다 보니, 그녀가 어릴 적 경험했던 자아의 상실이 애정의 상실만큼이나 공포스러운 감각이었음이 분명해졌다. 제니는 자아를 잃어버리면서 무력해졌으며, 주변이나 스스로에게 무슨 일이 벌어져도 주체적 자아를 드러내며 반응하지 못했다. 목소리를 빼앗겨 무력해진 채 겁에 질려도 스스로를 보호하지 못했고, 화가 나도 스스로를 변호할 수 없었다. 슬플 때도 눈물을 흘리며 울지 못했다. 이 과정을 어른이 되면서 겪는 역경이라고 생각했던 제니는 그동안 쌓아왔던 느슨한 경계를 허물고 경직된 경계를 세웠다. 새로 설정한 경직된 경계로 말미암아 제대로 된 연애는 불가능했지만, 스스로를 단단하게 붙들고 삶에 대한 통제력을 유지할 수는 있었다. 단한 가지 문제가 있다면 결과적으로 행복하지 않다는 점이었다. 제니의 삶은 공허하고 허전했다.

시간이 지나면서 제니는 몸의 소리 듣기를 사용해서 과도하게 결합된 애정과 자아상실 사이의 감각적·정서적·인지적 파편들을 분리하고, 애정 상실과 자기주장(개인적인 필요·욕구·의견) 사이의 과도한 결합도 분리했다. 나아가 이 과도한 결합에서 비롯한 무의식적인 핵심 믿음에도 도전했다. 자신의 모습을 있는 그대로 인정받고 사랑받는 충만한 관계를 맺을 자격이나 권리가 없다는 믿음 말이다. 상담을 진행하면서 제니는 내면에 잠들어 있던 인생에 대한 권리, 주체적으로 자아를 표현할 권한을 되찾았다. 이로써 삶을 긍정하게 만드는 경계, 곧 애정 상실에 대한 두려움 없이도 욕구·소망·취향을 지킬 수 있는 효과적인 경계를 세울 수 있었다.

제니의 이야기에서 볼 수 있듯이, 경계를 세우는 능력은 자아를 보호하면서도 건강하고 애정으로 가득한 인간관계를 쌓기 위해서 반드시 필요하다. 어린 시절에 경계를 세웠던 경험은 현재 나와 타인 사이에 경계를 설정하는 능력에까지 영향을 끼친다. 자아가 형성되던 시기에 중요하고 소중한 사람들과 맺었던 관계는 자존감에 중대한 영향을 끼치며, 경계를 설정할 때 그 자존감이 반영된다. 더불어 제니의 이야기는 타인과 진심 어린 관계를 쌓고 삶을 공유하고자 하는 우리 모두의 욕망을 대변한다. 우리는 약점을 드러내거나 상대와 가까워질 때 짙은 공포를 느끼지만, 마음 한구석으로는 의미 있는 관계를 끊임없이 갈망한다. 8장에서는 몸적 시각을 사용하여 이런 열망을 조금 더 가까이 들여다보면서 끈끈한 관계를 맺고 애정을 얻고자 하는 우리의 본능을 살펴볼 것이다. 그리고 왜 불안은 친밀한 관계를 자꾸만 방해하는지, 도움이 간절할 때 타인에게 기대어 평온함·안전감·안정감을 얻고자 하는 본능적인 노력을 어떻게 물거품으로 만드는지 살필 것이다.

8장

인간관계에서 받은
상처 벗어나기

인간은 매우 관계 지향적인 동물이다. 안전감과 안정감을 바라고, 누군가와 끈끈하고 의미 있는 관계를 쌓고자 하는 욕구는 결코 우연이 아닌 신경생물학적 산물이다. 인간은 서로 의존하고 유대를 맺으면서 살아가도록 만들어졌다. 애착과 애정을 향한 욕구는 생리학적으로 타고난 것이며 우리에게 지대한 영향을 끼친다. 이 장에서는 인간관계가 공포를 조절하고 안전감과 안정감을 높이는 데 필수적인 역할을 한다는 사실에 집중한다. 인간의 생리학적 구조를 더 자세하게 들여다보면서, 불안을 지속시키는 깊은 상처를 치유하고 공포 반응을 조절하는 데 타인과 나누는 유대감이 얼마나 중요하게 작용하는지 명확하게 이해한다. 그리고 몸의 소리 듣기를 통해 소중한 사람들에게 의지할 때 느끼는 모든 불쾌감이나 두려움의 근원을 탐구한다. 어린 시절 애착관계에서 경험한 정서적 상처가 암묵기억에 새겨지면 어른이 되어서도 안전하고 안정적인 관계 맺기가 어렵다. 어린 시절의 경험을 구체화하면 약점을 드러내는 일에 대한 오래된 공포를 해결하고 타인과 친밀한 관계를 쌓아나갈 수 있을 뿐만 아니라, 그 유대감이 불안을 완벽하게 해소할 것이다.

불안의 특징적인 증상은 안전감·안정감·통제감의 부족이다. 공포에 빠진 내 곁에 지지하고 이해해주는 사람이 없이 홀로 남겨진 것 같은 느낌도 대표적인 증상이다. 이 두 가지 증상이 한꺼번에 나타나면 불안은 급격하게 상승한다. 신경계가 잘 조절되려면 안전감과 소속감이 있어야 하는데, 이를 위해 필요한 자원들이 다름 아닌 인간관계에서 나오기 때문이다. 그러므로 깊은 유대감이 부족하거나 아예 없다면 몸과 마음이 차분하게 평화로움을 느끼기 위해 꼭 필요한 자원들도 부족해진다.

애착의 뇌과학: 공동조절과 사회참여 시스템

인간관계와 사회적 상호작용을 바탕으로 신경계를 침착하고 안정적으로 조절하는 능력을 일컬어 **공동조절**coregulation이라고 한다. 공동조절에 필요한 신경계의 자원은 **사회참여 시스템**social engagement system이다. 사회참여 시스템은 부교감신경계에 속하며 몸과 마음의 주요 소통창구 역할을 하는 **미주신경**vagus nerve에서 발생한다. 미주신경은 중간에서 몸과 뇌 양방향으로 감각정보를 전달하며 생리적 상태를 조절한다. 사회참여 시스템은 미주신경의 중재를 통해 타인과 교류하면서 나타나는 안전신호나 위험신호를 찾아내 불안을 감소시킨다. 예를 들어 타인과 함께 있을 때 우리의 몸과 마음이 상대방의 몸짓·표정·목소리의 높낮이·눈 맞춤 등을 안전한 신호로 받아들이거나 그 사람에게서 호감이나 마음이 잘 통하는 느낌을 경험한다면, 그때부터는 신경계가 경계를 늦추고 불안도 가라앉는다. 반대로 몸과 마음이 상대의 비언어적 신호를 위협적이거나 알 수 없다고 인식하는 경우에는 신경계가 방어 반응을 작동시킨다. 더 나아가 나의 사회참여 시스템이 상대방의 사회참여 시스템과 안전신호를 주고받으면, 나의 신경계와 그 사람의 신경계를 함께 조절하는 피드백 고리가 생긴다. 반대로 주고받는 비언어적 상호교류가 위협이나 위험 신호로 가득하면 신경계는 인간관계에서 정서 조절에 어려움을 겪는다. 따라서 생리학적 측면에서 공동조절이란 타인의 신경계와 나의 신경계가 교감하며 서로의 신경계가 조절되는 현상으로 정의된다.

하지만 위의 정의는 공동조절이 지닌 힘과 중요성을 충분히 담아내지 못한다. 특히 공동조절이 불안 해소의 원천임을 고려하면 더욱 설명이 부족하다. 공동조절은 기본적으로 의미 있는 느낌에 해당하는 현상으로서, 타인과 교류하는 매 순간 피어나며 고독에서 벗어나 교감하게 한다. 이렇듯 현실을 공유하는 과정에서 누군가가 나를 봐주고, 이해해주고, 인정하고 있다는 **느낌의 전이**feeling felt가 일어난다. 느낌의 전이란 상대가 간직하고 있는 의미 있는 느낌을 나도 느끼는 경험을 의미한다. 부드러워진 눈빛, 억양의 변화, 고개 기울이기와 같은 비언어적 신호는 그 사람이 나에게 호감을 느낀다는 사실을 보여준다. 이럴 때 우리는 활기를 얻는다. 나의 경험이 인정받았고, 상대의 몸에 체화되며 실현되었기 때문이다.

관계의 교류를 통해서 이해받는 느낌, 인정받는 느낌, 상대가 나를 봐주는 느낌을 얻고 느낌의 전이를 경험하면 공동조절을 뒷받침하는 **상호연결**interconnectedness도 두드러진다. 서로 연결되었다는 감각을 알아차리면 고독한 마음을 채우고 외로움과 불안의 감정이 해소되면서 더 큰 무언가에 의해 안전하게 보호받고 있다는 느낌, 소속감이라는 의미 있는 느낌을 얻는다. 이것이 바로 공동조절의 힘이다. 타인과 같은 현실을 공유하고 있으며 혼자가 아니고 소외되지 않았다는 안전감과 안도감을 경험하는 것이다.

하지만 어린 시절에 공동조절이 좌절된 적이 있거나, 크고 작은 일들로 정서 조절이 거듭 힘들었다면 유대관계를 통한 안전감을 경험하지 못해 고독이나 소외감과 같은 감정들이 드리운다. 또한 어린 시절 공동조절 형성에 장애물이 있었거나 공동조절을 신뢰할 수 없었던 경험이 있는 경우, 어른이 되어서도 효과적인 자기조절self-regulation 능력이 결핍되기 쉽다. 자기조절 능력, 곧 정서 기복·생각 패턴·행동 충동을 자기감이나 개인적 목표에 맞춰 스스로 수정하고 조절하는 능력은 어린 시절 공동조절에 성공한 경험에서 비롯하기 때문이다.

발달기의 미숙한 몸과 마음은 양육자에게 의존하여 누군가와 함께 있다는 의미 있는 느낌을 통해 안전감과 안정감을 얻는다. **'나와 함께 있으면 안전하단다. 너는 혼자가 아니니 아무것도 두려워하지 마렴.'** 시간이 흘러 아이는 이런 공동조절 경험을 내면에 새기고, 이 기억을 자기조절 시스템의 일부로 삼는다. 다시 말해 **함께 있으면 안전하다**는 감각 경험은 무의식적으로 우리의 몸적 기억에 얽혀 들어간다. 이는 공포·스트레스·괴로움을 느끼면서 공동조절이 어려워진 순간, 자기조절을 해내야 할 때 모습을 드러낸다. 따라서 어릴 적 공동조절에 성공한 경험이 많다면 자기조절 능력이 향상되고 공포와 스트레스에 대한 회복탄력성도 커진다. 반대로 어릴 적 공동조절이 일관성 없이 혼란스러웠거나 관계의 부재나 부족 때문에 제대로 작동하지 못했다면, 어른이 되어서도 신경계의 불안과 공포를 효과적으로 잠재우는 데 어려움을 겪을 수 있다.

내담자 셰릴의 사례를 통해 어린 시절 공동조절의 실패가 어른이 된 뒤 자기조절 능력에 어떤 영향을 끼치는지 자세히 살펴보자. 셰릴은 상냥하고 섬세하며 감수성이 풍부한 사람이다. 의리를 매우 중요하게 여겼고, 친구들에게 무슨 일이 생기면 곁에 있어주는 것을 최우선으로 생각했다. 친구들을 챙기느라 자신의 욕구를 제쳐두는 일이 잦았다. 연애에서도 비슷한 가치체계와 행동 패턴을 보였다. 그럼에도 사실 셰릴에게는 인간관계가 불안의 가장 큰 원인 중 하나였다. 특히 우정과 사랑 모두에서 관계가 잘 유지될 수 있을지 만성적인 걱정과 두려움을 느꼈다. 게다가 자기감과 정서가 인간관계에 지나치게 의존하고 있다는 점도 불안을 부추겼다. 인간관계가 위태로워지면 셰릴의 마음도 함께 위태로워졌다. 관계가 삐걱거리면 자신이 뭔가 잘못했거나 어떤 식으로든 '나쁘게' 군 탓이라고 믿었다. 어린 시절의 공동조절 경험은 개인의 의미 있는 자기감, 인간관계 패턴, 정서 조절 능력에 관련한 정보들을 풍부하게 담고 있다. 그래서 나는 곧바로 셰릴의 어린 시절 공동조절 경험을 탐구하기 시작했다.

세 자매 중 막내인 셰릴은 가족들 사이에서 자주 느꼈던 자기감을 표현할 때 '애물단지' '골칫덩어리' '손이 많이 가는 아이' 같은 단어들을 사용했다. 나는 이 표현들이 현재 인간관계에서 셰릴이 경험하는 불안과 연관이 있을 것이라고 짐작하며 좀 더 깊이 있는 질문을 했다. 셰릴은 아버지와 유대가 깊었으나, 아버지는 잦은 출장 때문에 집에 거의 머무르지 않았다. 아버지의 빈자리 속에서 어린 셰릴은 유대감을 간절하게 열망하는 한편으로 아버지의 부재가 손이 많이 가고 애물단지인 자기 탓인 것 같아 두려웠다. 안타깝게도 셰릴의 어머니는 의도치 않게 이 공포를 조장하고 부추겼다. 어머니는 남편의 도움 없이 홀로 세 아이를 보살피느라 힘에 부쳐 막내딸의 정서적 욕구를 꾸준히 들여다보지 못했다. 게다가 어머니 본인이 정서적으로 냉정한 편인 데다 애정 표현을 불편해했다. 셰릴이 편안함과 안도감을 바라며 어머니를 찾을 때면 어머니는 주로 이렇게 꾸중했다. "너는 정말 예민하구나. 더 강해져야 한다. 슬퍼하는 모습은 보고 싶지 않구나. 네가 슬퍼하면 엄마는 불편하단다." 셰릴이 어릴 적에 경험한 공동조절 이야기를 들으면 들을수록 그녀가 인간관계에서 불안을 느끼고 자기조절에 어려움을 겪는 근본적인 원인이 분명해졌다.

셰릴의 이야기는 잠시 쉬었다가 다시 하겠다. 우선은 효과적인 공동조절의 조건을 살펴보자. 과거의 공동조절 경험은 불안과 어떻게 연결되며, 공포와 걱정을 덜어내기 위해 타인에게 도움을 청할 때 느끼는 평온함과 안전감에 얼마나 영향을 끼칠까?

효과적인 공동조절의 조건들

어린 시절 완벽하게 공동조절을 해냈던 사람은 셰릴을 비롯해 거의 없다. 양육자가 자녀의 정서적 욕구를 조율하지 못하면서 공동조절에 금이 가는 경험은 누구나 한번쯤은 겪으며, 현재까지도 지속되는 일종의 적응적 반응의 기초가 된다. 이러한 불완전성을 평가하거나, 공동조절이 좌절된 경험의 영향력을 축소하거나 부정하려는 것이 아니다. 이제부터 불완전성을 마주하고 가까이 들여다보면서 당시 경험이 나를 어떤 사람으로 만들었는지, 왜 공포와 걱정을 부추기는지, 타인과 의미 있는 유대감을 주고받으며 불안을 효과적으로 다스리고자 하는 나의 노력을 어떻게 가로막고 있는지 알아볼 것이다.

어릴 적 애착관계에서 경험한 공동조절의 좌절이 내게 어떤 영향을 끼쳤는지 파악하려면 그 좌절이 어떤 모습이었는지부터 알아야 한다. 이를 위해 건강한 공동조절의 다양한 조건부터 알아보자. 건강한 공동조절의 조건은 서로 밀접하게 연관되어 있을 뿐더러 다른 조건과 겹치기도 한다. 이 조건들이 합쳐지면 좌뇌와 우뇌의 활동이 조화를 이루면서 유연하고 체화된 공동조절을 경험할 수 있다. 공동조절의 조건에 관해 설명하고 나면 무의식의 세계로 넘어가, 관계의 단절을 경험할 때 발생하는 감각들과 연결되는 데 도움이 되는 몸의 소리 듣기 훈련을 해볼 것이다. 이 감각들과 뒤따르는 사고방식은 공동조절의 조건이나 특정 요소들과도 연관이 있기 때문에 어릴 적 비슷한 사건이 벌어졌을 때 내가 어떤 감정을 느꼈는지, 나의 몸과 마음은 그 상황에 어떻게 대처했는지에 관한 중요한 정보를 얻을 수 있다. 이를 통해 인간관계에서 평온함·위안·타인의 지지를 얻을 수 없게 만드는 장애물, 타인과 가까워질 수 없게 가로막는 방해요소가 무엇인지 파악할 수 있다.

조율

조율attunement이란 공동조절의 효과적인 합치를 의미한다. 조율은 곧 나를 평가하려 들지 않고 있는 그대로 이해해주는 존재와 마음을 나누며 연대하는 경험이다. 다른 누군가와 조율을 이루면 우리는 그 사람이 매 순간 드러내는 언어적·비언어적인 표현 전부에 반응하면서 서로의 경험을 공유하며 안정적인 관계를 만들어간다. 조율이 이뤄지면 두 사람은 호감과 안전감을 의미하는 생리적 신호를 교환한다. 그 신호는 다음과 같다. **'나는 너를 보고, 듣고, 이해해. 넌 가던 길을 계속 가면 돼. 내가 네 곁에 있을게.'**

따라서 실패한 조율misattunement로 인해 공동조절에서 좌절을 겪으면 당연히 크게 절망할 수 있다. 사람들은 실패한 조율을 주로 '낙오됨' '배신당함' '버림받음'이라고 표현한다. 실패한 조율의 간단한 예로 누군가와 교류하는 도중 상대방이 휴대폰을 들여다보느라 둘 사이의 소통을 깨뜨리는 경우가 있다. 주의 돌리기, 시선 피하기를 비롯한 비언어적 표현들이 둘 사이의 소통을 가로막으면 본능적으로 고통을 느끼고 온갖 종류의 정서적·인지적·행동적 반응이 나타난다. 특히 두 사람이 공유한 경험이 중요하고 소중했다면 더더욱 그렇다. 이런 경험은 어른에게도 상처인데, 하물며 어린아이들은 어떻겠는가. 아직 정서 중심적이고 자기 중심적인 인지력으로 세상을 경험하는 아이들은 이런 감정을 느낄 것이다. "모든 게 다 내 탓이야."

어린 시절의 실패한 조율 탐구하기

방해받지 않고 집중할 수 있는 조용한 장소를 찾는다. 잠시 호흡을 의식하고 몸에 주의를 집중한다. 몸을 더 잘 알아차릴 수 있으면, 조율에 실패해 유대관계에 금이 갔던 순간을 떠올려보면서 SOAR 연습을 한다. 이 경험을 완전히 체화한 다음에는 머릿속에 떠오르는 사고 과정을 돌아본다.

　과거에 조율에 실패했던 경험을 떠올리며 SOAR 연습을 하는 동안, 관계의 단절에 대한 반응으로 몸속에서 전율하는 감각들을 의식한다. 무엇 때문에 관계에 금이 갔다는 사실을 의식하게 되었는가? 상대방이 한 말 때문인가? 아니면 비언어적 신호 때문인가? 만약 비언어적 신호를 받았다면 무엇이었는가? 목소리의 높낮이? 얼굴 표정이나 특정 몸짓? 관계가 단절되면서 어떤 몸적 반응이 나타나는가? 공포 반응 증상이 나타나지는 않는가? 만약 나타났다면 어떤 증상인가?

　관계가 단절되면서 어떤 행동적 반응이 나타나는가? 뒤로 물러나 사람들을 멀리하고 싶은가, 아니면 정면으로 맞서고 싶은가? 몸이 얼어붙지는 않는가?

　그 외에 어떤 정서들이 나타나는가? 분노, 절망, 수치심, 죄책감, 슬픔, 실망, 부끄러움, 아니면 공포? 조율에 실패한 이후 어떤 사고방식과 지각이 생겨났는가? 나 자신에 대해서 어떤 생각과 지각을 지니고 있는가? 관계의 단절에 대한 반응으로 부정적인 핵심 믿음이 생겼다면 무엇인가? 조율에 실패한 경험에 결합된 서사가 있다면 무엇인가?

이번에는 조율에 성공해 유대감을 경험했던 순간을 떠올려보면서 SOAR 연습을 한다. 앞의 질문들에 똑같이 답해본다. 성공한 조율과 실패한 조율의 감각적·정서적·인지적·행동적 차이점들을 의식한다. 두 경험을 비교하면서, 안정감을 찾아 사람을 가까이하거나 멀리하려는 나의 습관에 대해 새롭게 알게 된 사실이 있다면 무엇인가? 친밀감에 대한 공포 중에 조율에 실패해 관계에 금이 갔던 경험과 연관된 것이 있다면, 그중 구체화할 수 있는 경험은 무엇인가?

이 훈련의 목적은 현재 조율에 실패해서 공동조절이 어려워질 때 나타나는 반응 패턴의 암묵적 근원을 탐구하는 것이다. 이 훈련으로 주변 사람에게 도움을 청할 때 느끼는 특정 공포를 이해하고 이것이 왜 불안을 악화시키는지 이해할 수 있다. 또한 공동조절의 좌절을 있는 그대로 알아차리면서 상황을 더 심각하게 만드는 반사적 반응을 억제하고, 관계를 회복하는 데 도움이 되는 사려 깊은 행동에 집중할 수 있다. 이번 소매틱 훈련과 앞으로 소개할 활동들을 통해서 어린 시절에 버림받았다고 느꼈던 정서적 상처에 다가가본다. 홀로 남겨진 어린 나를 꼭 끌어안으면서 이제 아무 일도 없을 것이라고, 너는 혼자가 아니라고, 네 잘못이 아니라고 마음을 다해 위로할 수 있을 것이다.

이해와 인정

진정한 이해understanding는 누군가가 마치 **내 속에 들어갔다 나오기라도 한 듯** 나를 알아주는 느낌을 선사한다. 인정validation은 누군가가 나를 이해해주는 것으로, 나를 **알아보고 있는 그대로 받아들이는** 느낌이다. 누군가 나의 지각을 이해하고 인정하려고 노력할 때 우리의 자기감은 단단해진다. 개인으로서 나의 가치가 확고해지고, 나는 타인이 이해하려고 노력할 정도의 사람이며 관심과 호기심을 받을 자격이 있다는 메시지를 얻는다. 더 나아가 설령 타인이 나와는 다른 관점을 내세운다 하더라도 내 관점은 변함없이 중요하고 의미 있음을 깨닫는다. 누군가 나를 이해하고 인정한다는 느낌을 받을 때 우리는 더욱 큰 무언가와 연결되어 있는 듯한 감각, 곧 혼자가 아닌 공동체의 일부가 된 것 같은 감각을 느낀다. 반대로 인정받거나 이해받지 못한 느낌이 들면 크게 좌절할 수 있다. 누군가가 나를 제대로 **알아주지 않거나** 심지어 이해하려는 **노력조차 하지 않을 때,** 현실을 부정당한 듯한 부당함·고독감·낙오된 기분·수치심과 같은 감정을 느낀다. 이러한 경험은 어른에게도 매우 속상하고 불안한 일이다. 따라서 정서적으로나 지적으로도 성숙하지 않은 어린아이들은 엄청나게 큰 공포와 상처, 절망을 느낄 수 있다.

우리는 이해받기 위해서 살아간다

조용한 장소에 앉아서 몸에 주의를 기울인다. 몸을 더 잘 알아차리면 살면서 누군가의 이해와 인정을 간절하게 원했지만 받지 못하고 있다는 느낌이 들었던 순간을 떠올려본다. 당시를 생각하면서 SOAR 연습을 한다. 앞의 소매틱 훈련에서 다뤘던 질문들을 인정받고 이해받지 못하면서 경험했던 감정에 적용해보자.

이번에는 반대로, 누군가 나의 경험을 진심으로 이해하고 인정하기 위해 노력하고 있다는 느낌을 받았던 순간을 떠올린다. 이제 SOAR 연습을 하면서 앞의 질문에 다시 한번 답해본다. 이해받았을 때 느낀 감정과 이해받지 못했던 순간에 느낀 감정이 감각적·정서적·인지적·행동적으로 어떤 차이가 있는지 의식한다. 두 경험을 비교하면서, 안정감을 찾아 사람을 가까이하거나 멀리하려는 나의 습관에 대해 알게 된 사실이 있다면 무엇인가? 이해 및 인정과 관련하여 어린 시절에 미처 충족하지 못한 욕구가 있다면 무엇인가? 이 욕구는 어쩌다가 타인의 지지를 받기 위해 인간관계에 매달리는 불안으로 변해버린 것일까?

공감과 연민

공감empathy이란 타인과 같은 처지가 되었다고 상상하며 상대가 어떤 감정을 경험하고 있을지 느끼는 능력이다. 우리는 공감을 통해 타인이 느끼는 감정에 가장 가까이 다가간다. 연민compassion은 우리가 경험한 공감에 대한 반응을 뜻한다. 공감이 연민으로까지 나아가면 상대의 정서적 고통을 완화하기 위해 실천적 행동이 생겨난다. 연민은 고통과 괴로움에 휩싸인 와중에도 우리가 스스로의 힘을 느끼도록 돕는다. 그러므로 공감은 곧 **마음을 나누는 느낌** feel felt이며, 연민은 **도움받는 느낌**feel helped이다. 이해와 인정이 그렇듯이 공감과 연민 또한 공동조절을 확고하게 만드는 상호 연결을 촉진한다. 그리고 공포나 정서적 고통 속에서 느끼는 외로움과 무력감 등 의미 있는 느낌을 해소하는 데에도 도움이 된다. 더불어 공감과 연민은 우리에게 다음과 같은 메시지를 전한다. '**너는 나에게 소중하고 가치 있는 사람이야.**' 이 메시지는 우리의 불안을 누그러뜨리고 몸과 마음에 평화와 고요를 가져다주는 강력한 의미 있는 느낌이다.

연민이 꼭 대단한 행동일 필요는 없다. 대부분의 경우 연민은 가슴 아픈 대화를 나누던 중에 친구가 내 두 손 위에 자신의 손을 겹쳐 올리거나 포옹을 할 때처럼 아주 단순한 행동에서 느껴진다. 친절한 행동 또한 연민이 될 수 있다. 친구를 위해 작은 일을 대신 해주거나 필요할 때 전화를 걸고 격려의 문자를 보내는 것 또한 연민이다. 정서적 상처를 완화하는 데 도움이 되고자 하는 마음과 공감적 이해를 드러내는 노력이라면 모두 연민이라고 할 수 있다.

공허한 마음과 충만한 마음

조용한 장소에 앉아 몸에 주의를 기울인다. 인생에서 누군가의 공감과 연민이 간절했지만 얻지 못했던 순간을 떠올린다. 당시를 생각하면서 SOAR 연습을 한다. 공포와 정서적 고통에 공감하고 연민해주는 사람 하나 없이 홀로 남겨진 느낌을 경험했던 순간을 떠올리면서 앞의 소매틱 훈련에서 다뤘던 질문들에 답한다.

이번에는 공감과 연민을 받는 느낌이 들었던 순간을 떠올린다. 당시를 생각하며 SOAR 연습을 한다. 그러고 나서 앞의 질문들에 답한다. 누군가 공감과 연민을 가지고 내 곁에 있어줄 때의 느낌과 정서적으로 함께할 사람이 없을 때의 감각적·정서적·인지적·행동적 차이점을 의식한다. 두 경험을 비교하면서, 평온을 찾기 위해서 사람을 가까이하거나 멀리하려는 나의 습관에 대해 알게 된 사실이 있다면 무엇인가? 공감 및 연민과 관련하여 어린 시절에 미처 충족하지 못한 욕구가 있다면 무엇인가? 이 경험의 어떤 점 때문에 우리는 타인에게서 평온함을 찾지 않게 된 것일까?

사람에게 받은 상처는 사람으로 치유된다

다음으로 넘어가기 전에 좌절된 공동조절에 대해 몇 가지를 더 짚고 넘어가자. 앞서 봤듯이 공동조절에 실패한 경험은 고통스럽고 때로는 해롭기까지 하다. 하지만 피할 수도 없다. 사실 어린 시절 아무런 방해도 없이 유연하고 호혜적인 공동조절을 유지하는 기간은 유년기의 3분의 1 정도에 불과하다고 추정된다. 그 외 기간은 모두 관계가 틀어지고 또 그것을 수습하려고 노력하면서 보낸다. 다시 말해 유대관계가 깨지는 일은 피할 수 없지만, 만회할 수는 있다. 공동조절이 흔들리더라도 공감적 연대와 호혜적 관계를 다시 이루려는 의식적인 노력을 통해서 유대감을 회복하고 관계를 지속할 수 있다. 관계 회복 과정은 효과적인 공동조절의 필수 요소인 것이다. 반대로 회복하려는 능동적인 노력 없이 방치된 공동조절은 그 관계 자체와 그에 속한 사람들 모두에게 해롭다. 이제 어린 몸과 마음에 회복하지 못한 공동조절이 자리잡았을 때 어떤 영향을 끼치는지, 이 영향력이 어떻게 암묵기억 속으로 파고들어가 어른이 된 지금까지도 불안을 불러일으키는지 더 깊이 이해될 것이다.

앞서 살펴보았듯 공동조절의 실패는 아이들에게 정서적 상처를 남긴다. 공동조절에 실패하면 주로 거절당한 느낌, 수치심, 죄책감, 굴욕감과 같은 감정을 경험한다. 이때 아이들은 자신에게 뭔가 문제가 있다는 느낌을 받으며 자신의 어떤 결점 때문에 다른 사람들이 자꾸 멀어진다고 생각한다. 반대로 금이 간 관계에서 받은 정서적 고통을 누그러뜨리고 자기감의 통합성을 지키기 위해 타인에게 비판적이고 냉소적인 아이가 되기도 한다. 이때의 경험은 몸의 암묵기억 속으로 얽혀 들어가, 어른이 되어서도 공동조절이 좌절될 때마다 떠오른다. 지금 우리가 관계에 조금만 금이 가도 격렬한 반사적 반응을 보이는 이유가 바로 여기에 있다. 인정받지 못한 채 홀로 남겨져 수치감을 느꼈던 당시 경험이 되살아나면서 방어 반응의 촉발요인을 자극하는 것이다. 이는 친밀한 관계에서 불안을 느끼는 이유도 어느 정도 설명해준다. 관계의 단절과 그에 뒤따를 정서적 고통을 예감하고, 다시는 깨진 관계를 회복해 유대감과 안정감이 가득한 순간으로 돌아갈 수 없을지도 모른다는 공포를 느끼기 때문이다.

하지만 걱정하지 말자. 관계 회복 과정은 놀라울 정도의 치유 효과가 있다. 관계가 깨진 뒤 회복이 시작되고 유대감이 새롭게 형성되면 신경계는 공동조절을 경험하는 상태, 곧 서로의 경험을 공유하던 때로 돌아간다. 이는 기쁨, 흥미, 신뢰, 자신감을 포함해 건강하고 긍정적인 감각들을 불러일으킨다. 아이들은 회복 경험을 통해서 유대관계가 틀어지더라도 공포에 휩쓸리지 않는 법을 배운다. 공동조절의 좌절은 일시적이기 때문이다. 이러한 과정으로 인간관계에서의 신뢰, 타인을 향한 애착을 형성하고, 더 나아가 능동적 회복을 통해서 자신이 중요하고 가치 있는 사람이라는 느낌을 경험한다. 또한 사람들이 일반적으로 지닌 선량함을 발견하고, 타인을 총체적으로 보는 법을 배운다. 그러니까 어떤 사람이 나를 기쁘게 하는 좋은 부분과 마음에 들지 않는 부분을 동시에 지니고 있을 때, 이 사람을 전체적으로 보면 사랑할 정도는 아니더라도 좋아할 만큼의 가치는 있다고 여길 수 있는 것이다. 주목할 점은 이 치유의 힘이 어린아이들에게만 적용되는 것이 아니라는 사실이다. 어른들도 관계가 단절된 뒤 회복으로 이어지면 새로운 유대 안에서 깊어진 안전감과 웰빙을 경험한다. 그렇기 때문에 공동조절의 좌절이 끼치는 해악을 논할 때에는 당시 어린아이였던 나의 기분을 망치고 위압감을 느끼게 했던 금이 간 관계가 회복되지 못했다는 사실을 함께 짚어야 한다. 그러고 나서 그 고통스러운 경험이 어떻게 암묵기억에 파고들어가 소중한 사람들에게서 위안을 얻을 수 없게 방해하는지를 살펴야 한다.

유대-단절-회복

이 소매틱 훈련은 2018년 뎁 데이나 Deb Dana의 연구에서 영감을 받았다. 이 훈련의 목적은 인간관계에서 나타나는 좌절과 회복의 일정한 패턴을 파악하는 것이다. 관계 회복을 이해하고 나의 인간관계에 부족한 회복 과정에 관해 더 자세히 알면 타인과의 관계에서 평안과 위안을 얻지 못하게 방해하는 장애물을 파악할 수 있다. 또한 관계 회복을 가로막던 정서적 상처를 치유하여 유대감을 다시 형성하는 것은 물론이고, 친밀감은 안전하고 든든한 감정이라고 느끼게 될 것이다.

방해받지 않는 조용한 장소를 찾는다. 잠시 호흡을 의식한 뒤 몸에 주의를 집중한다. 몸을 더 잘 알아차릴 수 있으면 집중력을 높이기 위해 살면서 겪었던 인간관계 중 하나를 선택한다. 그 사람과의 관계에 대해 생각하면서 상호작용, 관계의 좌절, 회복의 패턴을 돌아보는 동시에 SOAR 연습을 한다.

유대감을 경험할 때 어떤 느낌이 들었는지 의식한다. 다음으로 그 유대감에 금이 갔던 때에는 어떤 느낌이 들었는지 의식한다. 관계의 단절이 몸 안의 어떤 감각을 불러일으켰는가? 어떤 생각 패턴이나 부정적인 핵심 믿음이 생겼는가? 나 자신이나 타인에 대한 부정적인 서사가 나타나지는 않았는가? 관계 회복을 위한 노력이 있었는가? 만약 그렇다면 그 노력은 누가 했는가? 내가 먼저 관계 회복을 시도했다면, 상대에게 다가가 관계를 회복하려고 할 때 몸에서 어떤 느낌이 느껴졌는가? 상대방이 먼저 관계 회복을 시도했다면, 그때 어떤 느낌이 들었는가? 관계 회복을 제안한 사람의 요청을 받아들였는가? 받아들였다면 어떤 느낌이 들었는가? 받아들이지 않았다면 그 이유는 무엇인가? 그리고 그와 관련해서 어떤 몸적 경험을 느꼈는가? 관계 회복을 위한 시도가 있었고 성공적이었다면, 몸이 어떤 반응을 보였는가? 신경계가 안정을 찾고 안전감과 친밀감이 향상되었는가? 관계 회복이 실패로 돌아갔다면, 어떤 감각·정서·생각·행동을 촉발했는가? 공포반응 증상을 경험하지는 않았는가? 유대감을 다시 형성하는 데 도움이 될 만한 선택지 중에 가능한 것이 있다면 무엇일까?

이번에는 다른 사건이나 인간관계를 선택하여 똑같은 훈련을 반복한다.

유대와 단절의 패턴을 의식하면서, 유년기에 관계의 단절과 회복을 다뤘던 방식과 지금의 방식에서 공통적으로 나타나는 지점을 주의 깊게 살핀다. 조금이라도 비슷한 부분이 있는가? 만약 그렇다면 어떤 점이 비슷한가? 차이점이 있는가? 그렇다면 어떤 점이 다른가? 공통점과 차이점을 분석해본다.

그리고 나서 SOAR 연습을 통해 어린 시절에 경험했던 관계 회복 또는 회복의 실패가 현재 관계 단절에 반응하는 방식에 어떤 영향을 끼쳤는지, 어쩌다가 과거의 상처를 아직까지도 몸 안에 간직하게 되었는지 더 깊이 이해해본다.

셰릴의 이야기로 돌아가서 어린 시절 공동조절을 회복하지 못했던 경험이 인간관계에서 받는 의미 있는 느낌에 어떤 영향을 끼치는지, 왜 불안을 심화시키는지 구체적으로 알아보자. 어느 날 셰릴은 자신과 두 친구 사이에서 벌어졌던, 겉보기에는 그다지 심각하지 않은 갈등에 관해 이야기했다. 셰릴은 그 갈등 때문에 몹시 괴로워하고 있었다. 두 친구의 갈등을 해소하는 데 도움이 되어야 한다는 의무감을 느끼면서도, 자칫 끼어들었다가 친구들과의 사이가 멀어질까 봐 두려웠기 때문이었다. 이러지도 저러지도 못하는 상황을 해결하기 위해 방법을 궁리하던 셰릴이 갑자기 말을 멈추더니, 고개를 숙이고 눈물을 쏟기 시작했다. 나는 격

정스러운 마음에 무슨 이유로 눈물이 나는지 조심스럽게 물었다. 셰릴은 여전히 발끝만 내려다보며 말했다. "선생님이 저 때문에 짜증이 난 것 같아서요." 그 말에 깜짝 놀랐지만, 그녀가 왜 그런 느낌을 받았는지는 알 것 같았다. 셰릴은 어릴 적부터 계속 이런 느낌을 경험했던 것이다. 셰릴이 이 순간을 어릴 적 경험한 공동조절의 좌절을 회복하는 계기로 삼을 수 있기를 바라면서, 나는 나의 행동이 그녀에게 상처를 입혔는지 조심스럽게 물었다. "그건 아니지만, 그냥 짜증을 내신다는 느낌이 들었어요."

나는 셰릴에게 조금도 화가 나지 않았다. 하지만 논리적인 설득은 소용이 없을 터였다. 암묵기억이 주도권을 잡고 있는 상황에서 셰릴은 나를 공감능력이 부족한 자신의 어머니로, 자기 자신은 '성가신 아이'로 느끼고 있었다. 내가 할 일은 어린 셰릴 곁에 앉아서, 그녀가 간절하게 원했으나 결국 받지 못한 이해·인정·공감·연민을 주는 것이었다. 실패한 조율을 회복하는 데 도움을 줌으로써 그녀가 스스로를 소중하게 여기고, 우리의 관계에서 안전감을 경험하며, 정서적 고통을 천천히 털어내도록 하기로 했다. 우리 둘 사이의 관계에서 이러한 경험을 함으로써 다른 인간관계에서도 똑같이 안전감과 평안, 다정함을 느낄 수 있길 바랐다.

셰릴은 나와 꽤 오래 상담을 해오면서 어릴 적 공동조절 경험을 파악하고 있었다. 그리고 정서적 온기와 위안을 향한 자신의 바람이 어떤 식으로 좌절됐는지도 잘 알고 있었다. 그래서 나는 부드러운 목소리로 말했다. "당신이 나에게 왜 그런 느낌을 받았는지 이해해요. 내 행동이 당신에게 상처를 주었다면 미안해요. 당신을 아프게 하려는 의도는 전혀 없었어요." 그러고 나서 적당한 때에 나는 내가 짜증을 낸다고 여겼던 지각을 바꿔보고, 내가 사실은 곤경에 빠진 셰릴에게 깊은 공감과 연민을 느끼고 있다고 생각해볼 의향이 있냐고 물었다. 셰릴은 조용히 고개를 끄덕였다. 지각을 바꾸고, 내가 그녀의 정서적 상처를 진심으로 걱정하고 있으며 함부로 그녀를 비판하지 않는다는 사실을 받아들이자, 셰릴은 울기 시작했다.

셰릴은 **마음을 나누는 느낌**을 원하는 자신의 간절한 소망과 슬픔에 닿았다. 어린 시절 충족하지 못한 채 몸속에 남아 있던 공감과 연민을 향한 욕구에 다다른 것이다. 또한 그녀의 근원적인 공포도 만났다. 누군가와 안전하게 이어져 있다는 느낌이 주는 정서적 온기를 얻더라도 잠시일 뿐, 결국에는 자신이 '성가신 아이'이기 때문에 관계를 망치고 실망감과 외로움, 수치심만이 남을 것이라고 생각했다. 셰릴이 인간관계에서 안전감과 안정감을 찾지 못하고 만성적으로 불안을 느끼는 이유는 바로 친밀감을 향한 열망과 거절에 대한 공포 사이의 팽팽한 긴장 때문이었다.

공동조절이 반복적으로 좌절되며 인간관계에서 안전감과 안정감을 얻지 못하면 우리는 관계의 불안을 다스리고 심리적·정신적으로 생존하기 위해 차선책을 고집하게 된다. 어떤 사람은 인간관계를 외면하고 정서적으로 자급자족하는 길을 택한다. 이들은 사람과의 관계에서 위안을 찾으려는 욕구와 관련된 의미 있는 느낌을 전부 차단한다. 반면 어떤 사람은 셰릴과 마찬가지로 정반대 방법을 선택한다. 인간관계에 지나치게 의존하는 것이다. 어느 쪽이든 모두 통제하기 어렵다고 느껴지는 것들, 곧 다시 상처받을지도 모른다는 공포와 인간관계를 다스리기 위한 노력에서 비롯된다.

셰릴은 몸의 소리 듣기를 활용하는 동시에 나와 그녀 사이의 관계에서 연민을 경험함으로써 변화를 맞이했다. 그녀는 스스로를 '짐짝' '애물단지'라고 여기고 있었지만, 사실은 어릴 적 공동 조절 실패의 원인이 손이 많이 가는 어린 셰릴에게 있는 것이 아니라 어머니의 정서적 냉정함과 아버지의 부재에 있었다는 사실을 깨달았다. 셰릴은 스스로를 '성가신 아이'라고 여기게 만드는 지각, 인간관계가 위험하고 안전하지 않다고 여기게 하는 지각, 그에 관여하는 감각적·정서적·인지적 파편의 과도한 결합을 제거하고 정리했다. 그 결과 자기 자신과 인간관계를 바라보고 경험하는 데 더욱 호의적이고 분명한 태도를 갖게 되었다. 상대방을 밀어내거나 너무 성가시게 굴까 봐 두려워하지 않고서도 자신의 모습을 있는 그대로 보여주는 작은 위험을 감수할 수 있게 되었다. 나아가 관계가 틀어지지는 않았는지 확인하기 위해 끊임없이 스스로를 다그치던 오래된 행동 패턴에서 벗어날 수 있었다. 이제는 소중한 관계의 일관성을 신뢰하는 것은 물론, 상대방이 전해주는 따스함과 위안에 힘입어 불안을 덜 수 있었다.

몸적 시각을 통해 어린 시절의 경험이 암묵기억에 어떤 방식으로 기록되는지, 어른이 되어서도 지각과 행동에 어떤 식으로 영향을 주는지 다시 한번 살펴보았다. 어릴 적 경험한 공동조절을 분석해보면 어른이 되어 타인과 친밀감이나 유대감을 주고받을 때 과거의 불안이 나타나는 다양한 심리기제를 탐구할 수 있다. 그리고 어른이 되어서까지 인간관계를 통해 위안과 지지를 얻는 능력을 방해하는 원인을 발견할 수 있다. 불안의 근원이 되는 과거의 관계 경험을 파악하고 나면 그 상처를 치유할 길이 열린다. 이로써 사랑하는 사람들로부터 더 큰 안전감을 경험할 것이다. 9장에서도 다루겠지만 누군가와 함께하거나 스스로의 몸에 주의를 기울일 때 고향에 온 것 같은 평온함을 느낄 수 있다면, 매 순간 눈앞에 펼쳐지는 무한한 기쁨·즐거움·재미를 만끽할 뿐만 아니라 온전히 현재에 머무르고 살아 숨쉬기 위해 감수해야 하는 나의 약점 또한 받아들일 수 있을 것이다.

9장

지금 이 순간을
온전히 즐길 수 있다면

나의 본질 가장 깊은 곳에 깃든 힘, 살아 있다는 느낌을 가져다주는 생명력. 그것은 바로 마법처럼 반짝이는 놀이의 힘이다. 놀이는 우리 몸을 즐거움·흥분·기쁨으로 가득 채우는 활동이자 당당하게 자신을 내려놓고자 하는 잠재적이고 열렬한 욕망이다. 즉흥적인 생각과 움직임을 가로막는 제약에서 자유로워지고자 하는 욕망이며, 정서적 고통이나 괴로움에 물들지 않고 내면 깊은 곳에 잠들어 있던 희망과 끝없이 샘솟는 창조력의 원천에 다시 가까워지고자 하는 실천이다. 놀이는 공포와 불안을 해소하는 강력한 해독제다. 반대로 놀이의 가장 큰 장애물은 공포와 불안이다. 이 장에서 우리는 놀이의 다양한 장점과, 놀이가 유연성과 회복탄력성을 어떻게 기르는지 살펴볼 것이다. 이들 모두 끊임없이 변화하는 외부 환경과 내면세계에 적응하기 위해 꼭 필요한 능력이다. 또한 우리는 몸적 시각을 통해 유년기의 경험과 역학이 어른이 되어서 놀이 능력을 어떻게 형성하는지 알아볼 것이다. 이를 통해 기쁨과 즐거움을 만끽하지 못하게 하던 고통을 치유할 것이다. 놀이를 다루는 이유는 무엇보다 놀이의 놀라운 힘을 알아보고, 놀이를 일상의 자연스러운 일부로 녹아들게 하기 위해서다. 그럼으로써 자유롭고 주체적이고 열린 마음으로 살아가는 것을 방해하던 불안을 잠재울 수 있을 것이다.

놀이의 형태는 다양하고 매일같이 변한다. 우리는 혼자 노는 모습이 궁상맞아 보일까 봐 걱정하지만 놀이는 어떤 모습이라도 상관없다. 놀이는 나에게 즐겁고 재미있고 의미 있는 느낌을 채워주며, 나를 가두던 시간과 생각에서 자유롭게 한다. 놀이를 통해 상상력이나 신비, 황홀감, 새로운 감각이나 아이디어, 주변 환경을 바라보고 세상에 참여하는 새로운 관점을 발견한다. 무엇보다도 놀이는 안전감과 안정감의 증표다. 놀이의 본질인 즉흥성과 그에 따른 예측 불가능성을 받아들이려면 몸과 마음이 미지의 대상을 마음 놓고 받아들이고 환영할 수 있어야 한다. 하지만 앞서 보았듯이 암묵기억 체계 안에 풀지 못한 공포의 잔해가 있다면 자유로운 수용 자체가 불안을 유발할 수 있다. 이런 경우에는 놀이를 즐길 수 없다. 놀이를 즐기지 못하면 삶의 즐거움이 사라질 뿐만 아니라 공포와 스트레스에 직면했을 때 희망과 긍정이라는 의미 있는 느낌을 지킬 수 없다.

유연하면서도 단단한 마음의 비밀

놀이를 할 때는 교감신경계와 부교감신경계가 독특한 방식으로 협력하며 에너지 흐름의 변화를 신속하게 조절한다. 놀이를 하는 동안에는 몸의 움직임, 혈액순환, 심박수, 호흡의 변화에 따라서 에너지가 시소처럼 자연스럽게 오르내린다. 앞서 봤듯이 교감신경계는 활동에 필요한 에너지를 공급해 몸을 움직인다. 놀이 역시 이런 활동에 포함된다. 반면 부교감신경계는 치솟은 에너지를 가라앉히고 진정·휴식·회복에 관여하는데, 대부분의 놀이에 이런 과정이 필요하다. 또한 부교감신경계는 사회적 연대와 타인과의 유대를 가능하게 하는데, 어떤 종류의 놀이는 이런 교류가 필수적이다. 이처럼 놀이는 매 순간 자율신경계 고유의 특성들에 의존하여 이루어진다. 활달함과 침착함, 사회적 연대 사이를 순조롭게 넘나들 수 있는 것은 교감신경계와 부교감신경계가 서로 협력하여 놀이에서 반드시 필요한 에너지의 흐름을 조절하는 덕분이다.

한편 끊임없이 변화하는 우리의 내면세계와 주변 환경에 성공적으로 적응하기 위해서는 신경계에 유연성과 회복탄력성이 필요하다. 놀이를 할 때 교감신경계와 부교감신경계가 주고받는 활발한 상호작용을 관찰하다 보면 놀이가 어떻게 유연성과 회복탄력성을 키우는지는 물론이고 놀이의 진정한 가치를 알 수 있다. 놀이를 할 때에는 강한 각성과 약한 각성이 독특한 형태로 번 갈아 나타난다. 기본적으로 놀이는 재밌고 즐거운 활동이다. 몸이 느끼는 다양한 강도의 흥분이 놀이처럼 긍정적인 경험과 결합할 때, 신경계는 놀이에 포함된 기대감과 확신 같은 의미 있는 느낌을 그대로 간직한다. 우리는 놀이를 통해 주변 환경이 변화하며 생기는 과제에 빠르게 적응하는 방법을 익히며 자극에 대한 반응을 조절하는 신경계의 능력을 강화한다. 또한 주변 환경이나 삶에서 벌어지는 다채로운 사건들에 유연하게 대처하고 적응하는 능력을 키운다. 이에 더해 놀이는 신경계의 회복탄력성을 강화하기 때문에 스트레스와 역경이 찾아오더라도 비교적 빠르고 확실하게 극복할 수 있다.

놀이가 주는 놀라움과 즐거움은 좌뇌와 우뇌 사이의 협력관계를 강화한다. 놀이는 상상력, 창의력, 감각, 독특한 아이디어, 새로운 지각이 솟아나는 원천이다. 이것들은 좌뇌와 우뇌의 협력으로 나타나는 현상으로, 이 덕분에 직감적 깨달음에 온전히 귀기울이고 지금 이 순간을 알아차릴 수 있다. 이에 더해 미래를 한발 앞서 내다보는 것은 물론, 놀이하듯이 가능성 있는 아이디어와 계획을 고안하고 결과를 가늠할 수 있다. 놀이를 통한 좌뇌와 우뇌의 협동은 기존의 신경망을 강화하고 새로운 연결을 만들어 내며, 뇌의 여러 중추를 효과적으로 연결하여 뇌 기능을 전반적으로 향상시킨다. 이렇게 신경망이 탄탄해지면 놀이를 통해 익힌

것들을 삶의 다양한 상황에 적용하고 적응할 수 있다.

신경계가 유연하고 활동적일 때, 인생의 기복에 유연하게 대처할 수 있을 때, 좌뇌와 우뇌가 단단하게 협력할 때, 생각하고 느끼고 직감적으로 알아차리는 능력이 생겼을 때 우리는 비로소 매 순간 눈앞에 펼쳐지는 불확실한 미래를 기꺼이 맞이할 수 있을 정도의 자신감과 효능감, 안전감을 얻는다. 이때 우리는 희망을 느낀다. 심지어 나의 타고난 기개와 기량을 시험하고 눈앞에 닥친 과업을 통해 능력을 발휘할 기회를 얻었다는 생각에 설레기도 한다. 놀이는 유연함, 회복탄력성, 기쁨과 희망을 키운다. 공포를 조절하고 불안을 완화하며, 앞으로 잠재력을 펼쳐갈 내적 자원을 키운다. 이것이 바로 놀이의 놀라운 힘이다.

내면의 장난꾸러기 깨우기

이 간단한 소매틱 훈련은 내면에서 반짝이는 놀이의 불꽃을 환히 밝혀줄 활동들이다. 앞서 살펴봤듯이 불안은 놀이하는 능력을 억제한다. 매일같이 빠른 속도로 지나쳐가는 일상에 놀이를 더하면 재미와 즐거움을 상실한 팍팍한 삶에 감칠맛을 더할 수 있다. 놀이를 상실한 삶이 지속되면 몸과 마음의 연결이 끊기고, 심지어 어떤 종류의 삶의 환희가 내 심장을 뛰게 하고 영혼에 활기를 불어넣는지 잊고 만다. 다음의 놀이 목록은 내가 어떤 종류의 놀이를 좋아하는지, 살면서 해보고 싶은 놀이가 있는지 기억을 되살리는 데 도움을 줄 것이다. 종이에 마음에 드는 활동을 적어보자. 다만 모든 놀이를 목록에 담지는 못했으므로 여기에는 없지만 즐기는 놀이 활동이 있다면 적어보라.

놀이와 장난

- 공예 및 예술(컬러링, 그림 그리기, 물감 칠하기, 조각하기, 뜨개질하기 등)
- 보드게임, 카드게임, 몸으로 말해요 등 실내 놀이
- 퍼즐 맞추기
- 책 읽기
- 노래 부르기, 악기 연주하기
- 춤추기
- 운동하기(캐치볼, 훌라후프, 원반 던지기, 술래잡기 등)
- 자전거 타기
- 수영하기, 다이빙하기
- 스프링클러 틀어놓고 물 아래에서 달리기
- 물풍선이나 호스를 들고 물싸움하기
- 반려견과 공놀이하기
- 비나 눈을 맞으면서 놀기
- 물수제비 뜨기
- 모래성 쌓기
- 하늘의 별을 세거나 구름을 보면서 닮은 모양 찾기

- 친구들과 어울리며 이야기 나누기, 농담하기, 큰 소리로 웃기
- 베이킹하기, 요리하기, 요리경연대회 참가하기
- 가장 좋아하는 아이스크림이나 사탕 먹기

고강도 활동에서 가벼운 활동까지 모든 놀이의 핵심은 즐거움, 시간과 자의식으로부터의 자유, 창의력과 즉흥성을 표현할 잠재력, 자율성, 본능적인 끌림(놀이 외의 목적이 없을 것)이다. 다시 말해 놀이를 하는 이유는 내가 하고 싶어서다. 내가 매력을 느낀 활동이 어떤 방식으로든 이러한 특성들이 있다면, 그것이 바로 놀이다.

방해받지 않는 조용한 장소를 찾는다. 주의를 호흡에 집중한 다음 몸 전체로 옮긴다. 몸의 느낌을 더 잘 알아차릴 수 있으면 위의 놀이 목록을 읽어본다. 하나씩 차례대로 살피면서 내가 직접 놀이를 하는 모습을 상상한다.

SOAR 연습을 한다. 몸에 어떤 반응이 나타나는가? 긍정적인 감각이 느껴지는가? 그렇다면 그 감각은 무엇인가? 불쾌한 감각이 느껴진다면 그 감각을 소리 내어 표현해본다.

놀이에 참여하는 나의 모습을 상상하면서 의식적으로 이 놀이를 가까운 시일 내에 실천할 계획을 세운다. 계획을 짜는 동안 몸에 어떤 반응이 나타나는가? 어떤 생각이 떠오르는가? 몸과 마음이 놀이를 하지 않을 핑계를 찾고 있지는 않은가? 아니면 무슨 일이 있어도 이 놀이를 해봐야겠다는 결심이 서는가? 정말로 도전할지 아니면 하지 않을지 갈등하고 있는가? 그 놀이를 내 일상의 일부로 받아들인다고 생각할 때 생기는 몸과 마음의 변화를 의식하면, 즐거운

활동을 시작하지 못하도록 가로막고 있던 방해물이 무엇인지 파악하는 데 도움이 된다.

지금까지 놀이의 가치와 중요성을 집중적으로 알아보았다. 그렇다면 삶에서 장난기로 가득하고 즐거운 활동들이 사라진다면 어떤 일이 벌어질까? 지금부터 나의 내담자인 샘의 이야기를 통해 불안이 어떻게 놀이를 잃어버리게 하는지, 즐거운 활동이 부족하면 왜 불안이 악화되는지 알아보자. 샘은 체격이 건장하고 걸음걸이가 여유로운 성실한 사람이다. 그가 나를 찾아온 것은 그의 끝없는 업무 스케줄에 질릴 대로 질린 아내의 강력한 권유 때문이었다. 아내는 나의 도움을 통해 샘이 휴식과 휴가에 대한 거부감을 갖고 있다는 사실을 깨닫기를 바랐다.

샘은 성공한 사업가로 '놀이는 사치'라고 생각하는 사람이었다. 그는 시도 때도 없이 할 일을 잔뜩 쌓아놓으면서도 틈 나는 대로 다른 일거리를 찾았다. 바쁜 업무 스케줄 탓에 샘은 끊임없이 일했고, 장난스럽고 즐거운 활동을 할 생각조차 하지 못했다. 두말할 필요도 없이 결혼생활에 할애할 시간이 거의 없었고, 결국 가정에 소홀해지기 시작했다. 샘은 일을 중요하게 여겼지만 결혼생활 또한 소중하게 생각했기에 업무량을 줄여 휴가도 떠나고 아내와 시간을 많이 보내면서 노동의 결실을 즐기겠다고 다짐했다.

문제는 그가 노는 법을 모른다는 점이었다. 일을 줄이고 여가를 즐기려고 할 때마다 일하는 데 써야 할 귀중하고 하나뿐인 기회를 놓쳐버린 것 같은 감각과 조급함, '게으르고' '쓸모없는' 사람이 된 것 같은 기분을 느꼈다. 이 감각들은 샘이 불안을 느끼고 있다는 증거였다. 이 때문에 나는 샘이 일을 통해서 걱정이나 스트레스를 다스리고 과거의 풀지 못한 공포를 견디고 있는 것이 아닐까 추측했다.

샘은 어떤 어린 시절을 보냈으며, 어쩌다가 일에 과도하게 집착하고 놀이나 즐거움을 꺼리게 되었을까? 나는 그에게 어린 시절을 어떻게 기억하는지 물었다. 샘은 성실한 노동과 결과물을 중요하게 여기는 집안에서 자랐다고 말했다. 특히 아버지는 상당한 고학력자로, 학위를 다수 지녔고 사업체도 여럿 운영했다. 80대 노인이 된 지금까지도 일주일에 7일, 해가 뜨는 순간부터 질 때까지 일한다. 어린 시절 샘이 자연스러운 본능에 따라 자전거를 타거나 만화책을 볼 때마다 아버지는 열심히 일하는 사람은 하찮은 흥밋거리에 현혹되지 않는다며 꾸짖었다. 샘은 그가 도맡은 여러 가지 주말 과업 중 하나였던 정원 가꾸기를 하러 나갔던 날을 떠올렸다. 갈퀴로 낙엽을 긁어 모으고 잔디를 깎다가 문득 뒷마당에 있는 거대한 후추나무 위에 올라가보기로 결심했다. 가장 높이 있는 나뭇가지에 손이 닿을 수 있는지 확인하고 싶었기 때문이다. 한창 나무를 오르고 있는데 뒤뜰에서 갑자기 아버지의 호통 소리가 들렸다. "잔디 깎다 말고 뭐 하는 거냐!" 샘은 의기소침해진 채로 나무에서 내려와 다시 일을 시작했다.

놀면 불안한 사람들

샘에게 속속들이 공감하지는 못하더라도, 어린 시절 자율적이고 즐거운 행동을 못하게 주변의 방해를 받았다는 점에서는 우리 대부분이 어느 정도 공감할 수 있을 것이다. 특히 놀이에서 오는 안전감과 자유, 의미 있는 느낌이 결핍되었다는 점에서 말이다. 어린 시절 집안의 정서적 분위기가 딱딱하고 엄격하거나 변덕스럽고 예측 불가능하다면 안전감을 느끼기가 어렵다. 익히 알다시피 현재에 온전하게 집중하고 열린 마음으로 삶을 만끽하기 위해서는 우리의 나약함을 인정해야 한다. 그러려면 안전감이라는 의미 있는 느낌이 반드시 필요하다. 그렇기에 안전감은 놀이의 필수 요건이다. 만일 이 조건을 충족하지 못한다면 놀이의 본질인 기쁨과 즐거움 앞에 나 자신을 내려놓기가 어렵다. 샘의 이야기가 잘 보여주듯이 즐거움을 향한 본능을 주변에서 허락하지 않거나 지지해주지 않았을 경우 놀이는 부정적인 정서·생각 패턴·핵심 믿음과 과도하게 결합된다.

어른이 된 샘은 여가를 즐기려고 할 때마다 '게으르고 쓸모없는 사람'이 된 기분과 업무를 해야 할 것 같은 불안을 느끼곤 했다. 이러한 생각과 감정은 아버지가 심어둔 샘의 몸적 상처들을 고스란히 드러낸다. 샘이 놀이를 할 때마다 아버지가 보인 반응은 곧 무언의 압박이었고, 어른이 되어서도 샘은 무지막지한 업무 스케줄에서 벗어나지 못했다. 이처럼 어릴 적 환경은 여가생활이나 즐거운 활동에 대한 현재의 의식적·무의식적 태도에 커다란 영향을 끼친다. 삶에서 소중한 사람들이 어린아이의 순수함과 놀이의 에너지를 반기기는커녕 부정적으로 평가하고 놀이를 쓸모없고 부적절한 행동이라고 경멸하기까지 한다면 아이는 놀면 안 된다는 메시지를 전달받는다. 안타깝게도 이런 경우 의미 있는 느낌 중 하나인 놀이를 하려는 본능은 부정적인 생각이나 감정과 과도하게 결합한다. 놀이에 불안이 자리잡으면 결국은 피해야 할 행위, 또는 어쩌다 가끔 조심스럽게 해야 하는 행동이 되고 만다.

어린 시절 놀이에 얽힌 기억이 엄격하고 변덕스러우며 놀이를 탐탁잖게 여기는 부모의 모습이나 성과를 중시하고 여가시간을 시간 낭비로 여기는 집안 분위기로 얼룩졌다면 놀이의 가치를 이해하고 받아들이며 신뢰하는 사람이라 하더라도 모든 것을 내려놓고 쉬는 능력을 잃어버린다. 놀이의 반짝이는 불꽃도 사그라진다. 이제 발달기에 놀이를 하면서 느꼈던 정서적 분위기를 떠올려보라. 긍정적인 감정, 즉흥적인 행동, 웃음소리, 즐거운 비명을 비롯해 놀이를 하면 당연히 따라오는 기쁨으로 가득 찬 여러 가지 소리가 차단된 집안에서 자랐다면, 놀이를 시도할 때 겪는 괴로움의 원인이 일정 부분 어린 시절의 경험과 연관되어 있을 것이다.

놀이하는 능력과 공동조절의 상관관계

놀이하는 능력을 개발하기 위해서는 안전하고 안정적인 공동조절을 경험해야 한다. 어린 시절의 애착관계에서 신뢰와 위안을 얻고 주체적인 자기표현을 인정받았던 경험이 있다면, 우리의 몸과 마음은 기쁨과 즐거움을 위한 공간을 마련한다. 공동조절에 성공한 경험은 자율신경의 유연성과 회복탄력성을 강화한다. 공동조절은 긍정적인 감정뿐만 아니라 부정적인 감정까지도 평가나 검열 없이 풍부하게 경험할 여유 공간을 만들어내기 때문이다. 따라서 신경계의 안정성을 높이고 놀이를 포함해서 인생에서 일어나는 일을 감당할 역량을 키우려면 공동조절 경험이 꼭 필요하다. 예를 들어 아이가 캐치볼을 하다가 공을 떨어뜨렸을 경우, 성숙한 부모는 아이가 느낄 실망감과 절망감을 이해하고 받아들이면서 다시 도전하게끔 격려한다. 그러면 아이는 공을 잡으려고 시도하면서 즐거움을, 공을 놓치면서 실망감을, 다시 한번 공을 잡으려고 시도하면서 기대감을 경험한다. 주변의 도움을 받아 정서적 스펙트럼을 수월하게 넘나들다 보면, 신경계가 주변 환경이나 인간관계에서 종종 발생하는 과제에 대처하기 위해 필요한 유연성과 회복탄력성이 생겨난다. 불쾌한 감정은 언젠가 사라질 것이고, 그 감정에서 벗어나기 위해 필요한 능력이 내 안에 있다는 사실을 깨달으면서 자신감과 긍정적인 태도도 갖춘다. 이처럼 회복탄력성의 씨앗은 이미 우리 안에 있다.

반대로 놀이에 공동조절에 실패한 경험이 얽히면 어떻게 될까? 위에서 언급한 아이가 공을 잡으려다가 그만 놓치는 장면을 상상해보자. 이번에는 부모가 다시 공을 던질 수 있게 격려하지 않고 오히려 아이를 못마땅한 눈으로 바라보거나 아예 무시해버린다. 이 경우 공을 잡기 위해 감수했던 위험을 포함한 아이의 놀이 경험이 실패나 외면과 결합하고, 역경을 극복하는 능력과 신경계의 적응력을 억누른다. 특히 이 경험이 정서적으로 강렬했거나 번번이 반복되었다면 놀이의 경험은 불안과 지루함, 비관적인 기억으로 가득 차게 된다.

삶의 보람과 즐거움에 다가가는 법

어떤 놀이는 조용하고 느긋하다. 책을 읽을 때는 책장을 넘길 정도, 요리를 할 때는 주걱을 저을 정도의 힘만 있으면 충분하다. 그런데 불안할 때는 몸과 마음을 차분하게 가라앉히기가 어려우므로 이런 단순한 활동마저 힘들 수 있다. 침착하고 담백하게 행동하며 차분한 놀이를 하기 위해서는 휴식·이완·회복을 담당하는 부교감신경계가 작동해야 한다. 그런데 부교감신경계는 방어 반응 중 하나인 얼어붙기 역시 담당한다. 만약 차분한 놀이가 어렵다면 그 불안의 중심에는 위험이나 스트레스 상황을 마주하고 얼어붙기(몸의 경직)를 경험했던 공포 기억이 있을지 모른다.

스트레스를 심하게 받으면서 공포와 위압감을 느꼈던 과거에 스스로를 보호하고 안전감을 되찾아줄 조치를 취하지 못했다면 차분한 놀이를 할 때 몸이 좀처럼 안정되지 못할 수 있다. 앞서 살펴봤듯이 효과적인 방어 반응, 곧 투쟁-도피 반응을 취할 수 없다면 공포와 스트레스는 얼어붙기를 유발하는데, 얼어붙기 반응은 부교감신경계가 극도로 활성화하기 때문에 나타난다. 그런데 차분한 놀이를 할 때도 부교감신경계가 작동하면서 몸의 생리적 반응은 경직 상태와 매우 유사해진다. 이때 위협이나 위험에 처했을 때 몸이 얼어붙었던 과거의 경험이 암묵기억 체계에 저장되어 있다면 몸을 이완시키기가 몹시 어려워진다. 몸이 이완되고 가만히 있을 때의 감각이 공포나 무력감 같은 강렬한 부정적 정서와 과도하게 결합되었기 때문이다. 게다가 몸이 긴장을 풀면 신경계 안에 꽁꽁 얼어붙어 있던 공포가 녹아내려 방출된다. 묶여 있던 공포가 풀려나면서 몸이 강렬한 정서나 괴로움에 휩싸일 수 있다. 평정 상태의 몸과 마음은 과민함이나 급격한 변화를 억제한다. 반면 스스로를 지키기 위한 노력이 좌절되며 생긴 공포가 신경계에 남아 있는 경우 우리 몸과 마음은 항상 경계를 세우고 방어태세를 준비한다. 이러한 노력들이 몸의 이완 때문에 방해받으면 위협이나 위험을 더 크게 느껴 결과적으로 부정적 정서나 몸 감각과의 연결이 더욱 강해진다.

따라서 어린 시절 공포 상황에서 얼어붙기를 경험한 적이 있다면, 차분한 놀이를 할 때마다 몸은 놀이를 거부한다. 근육의 힘을 풀거나 휴식하거나 경계를 늦추려 하지 않고 활동적인 상태를 고집한다. 그러는 동안만큼은 위험하지 않기 때문이다.

과거 놀이 경험 돌아보기

이번 소매틱 훈련의 목표는 놀이에 대한 기억을 돌아보며 놀이 활동과 관련된 나의 감각, 정서, 핵심 믿음을 파악하는 것이다. 내 몸이 놀이 활동에 보이는 반응을 알아놓으면, 무엇이 왜 놀이를 방해하는지 탐구할 수 있다.

방해받지 않는 조용한 장소를 찾는다. 호흡을 의식하고 몸에 집중한다. 몸을 더욱 잘 알아차리면 어릴 적 자주 했던 놀이를 한 가지 떠올려본다. 그 순간을 생각하면서 SOAR 기법, 곧 감각하기·관찰하기·표현하기·돌아보기를 실행한다. 몸에 체화된 놀이의 기억을 따라 SOAR 연습을 하는 동안 몸에 나타나는 특정 감각들을 의식한다. 즐거운 감각인가? 우리 몸은 그 감각을 편안하게 반기고 있는가? 아니면 여전히 불안이 느껴지는가? 몸이 편안하거나 즐거운 감각을 거부하고 있지는 않은가? 그 외에 기쁨이나 흥분, 희망찬 기대감, 설렘과 같은 정서가 나타나지는 않았는가? 아니면 절망, 수치심, 죄책감, 부끄러움, 불안과 같은 정서가 느껴지는가? 나는 놀이에 대해서, 나 자신에 대해서 어떤 생각이나 지각을 가지고 있는가? 어린 시절 놀던 기억으로 어떤 핵심 믿음과 자기서사가 생겨났는가? 지금 경험하고 있는 생각과 감정은 어째서 놀이를 대하는 나의 태도를 소극적으로 만들고 인생에서 놀이가 차지하는 비중을 줄이고 있을까?

불안과 놀이에 관해 조금 더 잘 알게 되었으니 다시 샘의 이야기로 돌아가보자. 샘은 놀이의 가치를 무시하고 시간 낭비로만 여겼던 아버지 때문에 어릴 적 놀이와 관련한 경험을 거의 하지 못했다. 이 때문에 샘은 놀이에 대해 온갖 종류의 부정적인 생각과 감정을 갖게 되었으며, 오락과 여가를 즐길 줄 모르게 되었다. 하지만 몸의 소리 듣기를 통해 그동안 전혀 의식하지 못하고 있었던 놀이의 방해 요인을 찾아낼 수 있었다.

어느 날 샘은 직장에서 한 동료 때문에 부담을 안게 되었다며 고민을 털어놓았다. 그 직장 동료는 서핑에 푹 빠져 있었는데, 조만간 세계에서 손꼽히는 서핑 명소에서 파도를 타기 위해 오스트레일리아로 떠날 예정이었다. 그가 여행 준비를 하느라 일부 업무를 떠넘겨 샘의 업무 일정이 꼬이기 시작했고, 몇 건은 마감기한에 차질이 생기고 있었다. 나는 샘이 놀이에 대해 느끼는 불안감에 관해 이야기해보기 위해서 그에게 질문을 던졌다. "오스트레일리아에 가본 적 있나요?" 샘이 대답했다. "아니요. 하지만 정말 아름다워 보이더군요. 서핑도 좋고요." 나는 살짝 의문이 생겨서 다시 질문했다. "아, 서핑을 즐기시는군요?" 샘이 반응했다. "아니요. 하지만 해보고 싶어요." 샘은 자신이 상상한 '파도 타는 느낌' '평화롭게 물 위를 떠다니는 느낌'을 마치 꿈꾸는 사람처럼 이야기했다. 왜 서핑에 도전하지 않았는지 묻자 이렇게 답했다. "아내가 절 뭘로 보겠어요?" 상상하지도 못한 대답이었다. 샘 자신도 깜짝 놀랐는지 말을 멈추더니 충격을 받은 표정으로 나를 보며 말했다. "저도 조금 당황스럽네요."

알고 보니 샘은 재미 삼아 서핑을 시작했다가 아내에게 비난을 받을까 봐 두려워하고 있었으며, 같은 이유로 다른 놀이 활동도 하지 않았던 것이다. 놀이와 장난도 좀 즐기며 살자고 그에게 지속적으로 요구했던 사람이 다름 아닌 아내였는데 말이다. 샘이 미처 눈치채지 못했던 모순이었다. 한편으로는 이해가 됐다. 아버지가 놀이에 비판적이었기 때문에 아내도 똑같은 반응을 보이리라고 생각했던 것이다. 하지만 샘이 이 모순을 전혀 인지하지 못했다는 사실은 놀라웠다. 다시 말해 샘은 자신이 아내에 대해 이런 인식을 가지고 있다는 사실을 전혀 모르고 있었다. 순간적으로 소리 내어 말을 내뱉은 뒤에야 비로소 알게 되었다. 샘은 자신의 공포를 탐구하면서 자신이 아내뿐만 아니라 소중하게 여기는 모든 사람의 평가를 두려워하고 있다는 사실을 깨달았다. 성실하고 성공한 비즈니스맨이라는 평가야말로 샘의 정체성과 자기감의 핵심이었다. 그는 자신이 놀이에 참여하는 순간, 평판에 금이 가고 아내나 직장 동료들이 그를 존중하지 않을 것이라고 여겼다.

샘은 몸의 소리 듣기를 통해서 이 공포를 간직하고 있는 자신의 암묵적 감각 세계를 파헤치기 시작했다. 알다시피 공포의 일부분은 아버지가 놀이와 즐거움을 향한 샘의 충동을 비난했을 때 생긴 정서적 상처에 뿌리를 두고 있었다. 샘은 여기에서 한 발 더 나아가 몸적 자아에 더 가까이 다가가보면서, 즐거운 활동을 시작했다가는 타인에게 비판을 받거나 게으르게 보일지도 모른다는 두려움을 발견했다. 이 두려움에 맞서기 시작하면서는 장난기와 호기심을 충족하기 위해 여가시간을 가지면 아내나 동료들의 신임을 잃을지 모른다는 믿음도 서서히 떨쳐낼 수 있었다. 샘은 주말마다 사소하지만 재미있는 활동, 열심히 일한 보람을 느끼게 해줄 무언가를 하기로 결심했다. 놀이에 참여하는 시간이 많아질

수록 여가시간 뒤에 필연적으로 타인의 비난이나 반발이 따라온다고 생각했던 믿음과 공포의 결합이 서서히 느슨해졌다. 또한 삶의 즐거움을 새로운 시선으로 바라보고 경험할 마음의 여유가 생겼다. 마침내 샘은 오스트레일리아로 훌쩍 휴가를 떠나 따사로운 햇살이 내리쬐는 눈부신 바다에서 서핑 레슨을 받으며 파도 타는 법을 배웠다.

소소하지만 확실한 일상의 놀이

이 소매틱 훈련의 목적은 일상에서 마주하는 찰나의 즐거움이나 장난스러운 순간을 폭넓게 알아차리는 것이다. 직접 겪은 일도 좋고 다른 사람을 보며 발견한 것도 좋다. 매 순간 다양한 방식으로 펼쳐지는 즐거움과 웃음거리들을 주의 깊게 살펴본다.

지금부터 일주일간 매일 최선을 다해서 자기 자신이나 주변 사람들이 만들어낸 장난기 넘치고 즐거운 순간들을 알아차려본다. 하루가 끝날 때쯤 그 순간들을 일기에 적는다. 이 일주일 동안 인생에 재미와 즐거움의 기회가 얼마나 많은지 깨달을 것이다. 즐거운 순간을 알아차리기가 너무 어렵다면, 재미있는 일을 하루에 적어도 두 가지 이상 찾아보기를 목표로 삼는다. 새로운 행동에 도전하는 것이 때로 몹시 어려울 수 있다. 부담감을 줄이고 이 활동을 꾸준히 지속하기 위해서는 목표를 현실적으로 설정해야 한다.

놀이의 형태는 각양각색이다. 다음 목록이 재미, 놀이, 기쁨의 순간을 파악하는 데 도움이 될 것이다.

- 즉흥적인 행동하기
- 일부러 재미와 즐거움을 위한 행동을 해보기
- 농담이나 말장난하기
- 이미 벌어진 상황이나 예측하기 힘든 상황 속에서 웃음거리 찾아내기
- 소리 내어 웃기, 미소 짓기
- 바보 같은 짓 하기

우리 삶에 놀이가 없다면 인생의 잠재력을 완전히 경험하거나 넓히지 못할 것이다. 놀이에는 살아 있다는 느낌을 북돋우는 실로 특별한 힘이 있다. 그저 재미있는 활동에 참여할 뿐인데 마음 건강까지 챙길 수 있다니 얼마나 멋진가! 반대로 풀지 못한 과거의 공포가 이토록 삶과 일상에서 주체적인 경험과 즐거움을 쌓지 못하게 방해할 수 있다니, 정말이지 안타깝다. 하지만 몸적 시각을 통해 내면에 반짝이는 놀이의 불꽃을 꺼트리고 우리를 공포로 몰아넣었던 오랜 상처들도 전부 치유할 수 있다. 내면으로 시선을 돌려 고통스러웠던 어린 시절의 몸적 울림을 느끼면, 곧 몸에 깃든 지혜에 다가선다. 그 지혜가 놀이에 대한 충동을 억눌렀던 상처들을 치유하는 길로 이끌 것이다. 정서적 고통과 두려움

이 점차 사라지면 기쁨과 즐거움을 경험하고자 하는 내적 충동이 싹튼다. 그러면 우리가 본래부터 지니고 있던 놀랍고도 경이로운 생명력을 만끽하며 살아갈 수 있다.

10장

삶의 주도권을 되찾는
치유의 법칙

오랫동안 풀지 못한 공포와 불안을 해소하기로 결심했다면 새로운 사람으로 다시 태어나겠다고 다짐한 것이나 마찬가지다. 나의 주체적 자아를 자유롭게 펼치지 못하게 방해하던 정서적 상처를 치유하고, 몸의 소리를 들으며 내면의 삶을 살피는 첫걸음이다. 나 자신을 있는 그대로 보여주고 나약함을 드러내는 바로 그 순간, 스스로에 대한 이해와 통찰력이 생긴다. 이 통찰력은 우리를 공포에서 벗어나도록, 가장 진실하고 뛰어난 자아를 향해 나아가도록 이끌어준다. 자아가 성장하기 위해서는 어떤 마음가짐이 필요하다. 바로 치유 여정의 핵심에 있는 역동적 모순dynamic paradox을 수용하는 태도다. 치유란 진정한 자아를 자유롭게 펼치는 과정인 동시에 치유 그 자체가 곧 주체적 자아다. 다시 말해 치유는 지금의 나 자신(있는 그대로의 나)과 앞으로의 나 자신(잠재력을 한껏 펼치는 미래의 나)을 동시에 드러내는 작업이다. 떡갈나무에 도토리가 달리듯, 우리 내면에는 최선의 자아가 들어 있다. 치유의 여정을 시작하기로 마음먹은 순간 최선의 나로 성장하고자 하는 목표가 생기고 이를 위해 잠재력을 발휘하겠다는 의지가 샘솟는다. 나의 잠재력을 실현해나갈 때 내가 있는 곳은 내가 있어야 할 곳이 되고, 나는 언제 어디에서나 완벽한 사람이 된다. 나는 그 자체로 완벽한 사람이지만 동시에 완벽해지는 과정에 있는 것이다. 마음속에 이 역동적 모순을 새기면 모든 것이 잘되고 있다는 희망과 믿음으로 치유의 여정을 헤쳐나가며, 막막하고 불확실한 시간을 버틸 수 있다. 또한 성장의 과정이 풍요로워지며, 내면이 짓눌려 앞으로 나아갈 수 없을 때에도 포기하지 않을 수 있다.

역동적 모순 외에도 치유 과정의 기본 법칙 몇 가지를 이해하고 염두에 두면 치유의 여정에 관한 예측력과 판단력이 커지고, 혼란스럽고 불확실할 때도 중심을 잡을 수 있다. 상담을 하다 보면 치유 과정에서 내담자가 실질적이고 중요한 진전을 이뤘음에도 자신이 해낸 성취를 깨닫지 못하는 경우가 있다. 심지어 치료자가 그 사실을 짚어줘도 믿지 못한다. 내담자가 치유 과정이 어떤 모습이어야 한다거나 어떤 모습이면 좋겠다는 고정관념을 가지고 상담에 임하기 때문이다. 그러다 실제 과정이 생각과 다르면 자신의 생각에 치유 과정을 끼워맞추는 일에 집착하게 된다. 이는 변화의 자연스러운 반응인 동시에 알면서도 피하기 어려운 함정이다. 하지만 몇 가지 치유의 법칙을 받아들이면 함정에 빠져도 쉽게 빠져나올 수 있다.

첫 번째 법칙, 공포가 존재하는 이유와 그 본질을 기억하라. 공포는 지혜로 가득한 정서다. 문제는 공포가 아니라 공포 반응으로 인해 생기는 불안이다. 게다가 인간은 공포를 느끼도록 만들어졌기 때문에 공포를 제거하기란 불가능하다. 그러니 우리의 목표는 공포를 제거하는 것이 아니라 공포 반응을 조절하는 것이다. 공포 반응이 좌뇌와 우뇌의 기능을 통합시키면 명확하게 보고, 생각하고, 느끼는 능력이 생긴다. 이때 비로소 공포는 본래의 기능대로 인생을 헤치고 나아가는 데 필요한 정보를 제공한다. 우리가 두려워하지 않는다면 공포는 아주 유용한 정서다. 다른 모든 정서와 마찬가지로 공포의 본래 역할은 중요한 결정을 내릴 때 도움을 주는 것이다. 공포는 잠시 걸음을 멈추고 주변에서 벌어지는 일들을 돌아보며 최선의 길을 찾아 고민하도록 질문을 던진다. 최선의 선택을 하는 데 방해되는 일들을 미리 알려주고, 진정으로 옳은 길을 가리킨다. 이처럼 공포는 인생의 참된 목적과 진실을 찾는 데 실질적인 도움을 준다. 이러한 공포의 본질적 가치를 인정하고 나면 불안을 해소하는 여정이 어떤 모습일지에 대한 생각이 바뀔 것이다. 이제는 공포를 제거하려고 애쓰는 것이 아니라 그 감정을 이해하고 지금 이 순간에 벌어지는 일들의 이정표로 사용하는 방법을 찾는 데 집중할 것이다. 그때 불안은 자연스럽게 해소되기 시작한다. 이처럼 오래도록 묵혀둔 공포를 치유하려면 공포에 대한 관점과 더불어 자기 자신을 보는 관점을 반드시 바꿔야 한다.

두 번째 법칙, 완전히 솔직한 태도로 치료에 임하라. 우리가 자기

서사를 만들 때 소중한 사람들과 나 자신, 살면서 경험한 일들을 보고 싶은 대로 꾸며내지 않고 있는 그대로 풀어놓기란 정말 어렵다. 하지만 내가 스스로에게 전하는 이야기들은 절대 나 자신을 해치지 못한다. 바로 그 이야기 때문에 불안이 계속된다고 해도 말이다. 솔직해지려면 자기서사 또는 이야기 속에 들어 있는 생각 및 감정과 기꺼이 맞닥뜨리는 자세가 필요하다. 그래야 어린 시절 상처로 남은 주관적 경험의 진실이 모습을 드러내고 얽혀 있던 정서적 에너지가 해방되면서 회복이 시작된다. 그러면서 우리의 몸과 마음은 잠재력을 펼치고자 하는 본래의 욕구를 되찾는다.

이때 솔직함에 대한 거부감에 주의해야 한다. 이 감정은 아주 교활하다. 치유의 여정이 열매를 맺으려면 솔직함이 반드시 필요하다는 사실은 누구나 안다. 그럼에도 우리가 가지고 있던 믿음과 진실이 충돌할 때면 매번 거부감이 생긴다. 나 자신이나 주변 사람들의 썩 유쾌하지 않은 면이나 힘겹고 고통스러운 부분을 바라볼 때, 질척거리고 부정적인 과거에 얽매여 있을 때 특히 그렇다. 이 때문에 치유를 위한 노력이 가로막히고, 공포와 불안에서 빠져나오지 못한 채 제자리걸음을 한다. 나 또한 이런 상황에 깊이 공감하고 연민을 느낀다. 만약 자꾸만 과거에 얽매이고 부정적인 에너지에 갇힐까 봐 걱정스럽다면, 암묵기억에 관한 지식을 떠올리자. 불안할 때는 두렵고 압도적이었던, 해소하지 못한 과거의 경험이 현재에도 반복적으로 나타난다. 그것을 외면하기만 하면 과거에 얽힌 부정적 정서와 경험에 발목이 잡힌다. 반면 솔직하고 열린 눈으로 과거를 직시하면 과거의 경험을 이해할 기회가 생기며, 과거의 기억이 현재에 되살아날 때 이를 알아차릴 수 있다. 현재와 과거를 분리할 수 있으면 예전 패턴으로 돌아갈지, 아니면 건강하고 새로운 패턴을 만들어낼지 선택할 수 있다. 이로써 고통스러운 과거의 상처에서 벗어나 현재의 생동하는 경험을 선명하게 느낄 수 있다.

솔직한 돌아보기를 방해하는 장애물이 하나 더 있다. 과거의 상처로 인한 아픔을 표현할 때 내가 불평하고 있다고 생각하는 버릇이다. 이런 버릇이 생기는 이유는 자신의 상처가 얼마나 고통스럽든 더 큰 상처를 품고 사는 사람이 많다고 생각하기 때문일 수 있다. 나에게 상처를 줬던 사람도 나름대로는 최선을 다했고 일부러 그런 것은 아니라고 생각하거나 내가 그럴 만한 잘못을 했다고 생각하기 때문일지도 모른다. 다시 한번 말하지만 나는 이런 생각들을 진심으로 이해하며 연민을 느낀다. 하지만 이것을 하나씩 걷어내며 그 근원을 살펴보고, 이것들이 과연 치유의 여정을 도와줄 수 있을지를 곰곰이 생각해보라. SOAR 기법을 통해 이 반응들을 변화시키며 그 너머에 있는 치유를 만나길 바란다.

당신의 걱정과 달리 정서적 고통을 솔직하게 돌아보는 연습은 자기동정에 빠지거나 고마움을 잊거나 남 탓을 하는 일이 아니다. 오히려 정서적 고통과 괴로움을 포함한 우리의 인생을 존중하는 일이다. 우리 몸에 물과 음식이 필요하듯 우리의 영혼은 누군가의 관심, 인정, 존중 어린 태도가 필요하다. 이러한 양분이 부족하거나 특정 조건을 만족할 때만 얻을 수 있다면, 건강과 웰빙은 물론 세상에서 느끼는 안전감이 위태로워지고 가치와 목적이라는 감각에 의문이 생긴다. 반면 미묘하고도 풍부한 내면세계와 그 속에 있는 풀지 못한 고통을 살피다 보면 우리가 견뎌온 것들과 그것을 견디기 위해 겪은 괴로움을 인정해주게 된다. 이것들은 지금의 당신을 만든 삶의 고고한 일들이며 마땅히 인정받아야 한다. 이 단계를 거쳐야 정서적 상처에 묻혀 있던 에너지를 해방하고 고통을 치유할 수 있다. 또한 마음이 고통에서 벗어나 자유로워지면 우리 마음이 본디 가지고 있던 목적과 자아존중감으로 향하는 길이 열린다. 삶이 가져온 축복과 행운에 대한 고마움이 애쓰지 않아도 저절로 샘솟는다.

솔직함은 말은 쉽지만 실천하기가 어렵다. 따라서 **세 번째 법칙, 치유의 여정에는 용기가 필요하다.** 솔직함이 기꺼운 마음으로 모든 일을 명료하고 진실되게 직시하는 것이라면 용기란 솔직함을 통해 깨달은 바를 받아들이고 실행하는 것이다. 과거 경험들의 진실을 받아들이고, 세상을 새롭게 보고 현실에 임하는 태도를 바꾸려면 상당한 위험을 감수해야 한다. 종종 주변 사람들의 저항을 맞닥뜨릴지도 모른다. 나의 새로운 지각을 인정하지 않거나 내가 내린 색다른 결정이 그들에게 영향을 끼치지 않기를 바라기 때문이다. 변화를 위해서는 사람들이 내 기대나 의도와는 다른 방식으로 나를 볼 때, 인정도 이해도 받지 못한 기분을 각오해야 한다. 내게 중요하고 소중한 사람들이 나를 더 이상 받아주지 않거나 좋아하지 않을지도 모른다. 나의 행동이 타인의 기분을 상하게 하거나 상대와 대립해야 할 수도 있다. 우리는 어린 시절에 스스로의 안위를 위해서 주변 환경에 적응했다. 어른이 된 지금까지도 이러한 적응의 산물이 생존을 위해 꼭 필요하다고 생각할 수도 있다. 이렇게 오래된 지각을 적극적으로 떨치고, 가장 효과적이라며 고집해온 전략을 바꾸기 위해서는 크나큰 용기가 필요하다.

상담을 하다 보면 변화를 위한 자신의 노력을 과소평가하거나 인정하지 않는 내담자들을 자주 본다. 변화의 과정이 꿈꾸던 것과 다르게 진행됐거나 원하던 결과를 얻지 못했다는 이유에서다. 그들은 되고 싶었던 사람, 더 강하고 추진력 있고 침착한 사람이 되지 못했다며 스스로를 질책하곤 한다. 노력 끝에 나온 결과를 두고 스스로를 책망하기만 하면 안타깝게도 처음 변화를 위해서 품었던 어마어마한 용기는 머릿속에서 지워져버린다. 게다가 지금까지 생긴 작고 미묘한 변화들을 알아차리지 못한다. 큰 변화는 이런 작은 변화들이 쌓여서 만들어지는 것인데 말이다.

결과와는 관계없이 어떤 결심을 하고 목표를 향해 나아가는 일은 매우 가치 있다. 변화는 바로 이 순간부터 시작되며 엄청난 용기가 필요하다. 그러니 치유의 길을 걷는 동안에는 변화를 위해 품었던 용기를 제대로 인정해줘야 한다. 나의 노력과 용맹함을 얕잡아보지 않기를 바란다. 절망이나 혼란에 빠져 앞이 보이지 않을 때는 지금 내가 가는 길이 옳다는 사실을 기억해야 한다. 지금 이곳에 서 있는 나 자신이 곧 여기까지 오기 위해 필요한 용기의 증표나 마찬가지다. 만약 나도 모르게 아직 하지 않은 일이나 벌어지지 않은 일에 한눈을 팔고 있다면 잠시 멈춰 SOAR 연습을 해보자. 그런 다음 치유 과정을 거치면서 이전과 달라진 점을 최소한 한 가지 이상 찾아보자. 이 연습을 통해 미묘한 변화를 알아보는 능력이 향상될 것이다. 시간이 지나면서 언젠가 차곡차곡 쌓인 작은 변화들이 다름 아닌 그토록 갈망했던 바로 그 목표라는 사실을 깨달을 것이다.

네 번째 법칙, 치유의 과정에서 나 자신을 내려놓아라. 그래야 치유의 마음가짐을 다잡고 솔직하고 용기 있는 태도로 변화를 꾀할 수 있다. 치유의 길은 멀고 험하다. 예상치 못한 난관과 장애물이 가득하며 어둠과 혼란과 미지로 우리를 인도한다. 하지만 때로는 선명한 빛과 경외감이 가득한 곳을 만난다. 이 길이 옳다는 확신이 드는 날도 있지만, 때로는 길을 잘못 들었다는 생각에 사로잡힌다. 목적지가 아주 선명하게 보이는 날이 있는 반면, 도대체 여기가 어디인지 헷갈리는 날도 있다. 치유의 과정은 예측이 어렵기 때문에 어떻게든 통제하고 싶을 것이다. 당연한 일이다. 하지만 치유의 길이 어디로 나아갈지는 우리의 의식적인 마음이 결정할 수 없다. 방향키를 쥔 것은 내면에서 꿈틀대는 지혜다. 지혜는 가야 할 목적지와 그곳에 다다르는 방법을 정확하게 알고 있다. 그러므로 치유 여정에는 내려놓기가 필요하다. 매일매일 당신은 치유의 여정을 당신의 입맛이나 필요대로 바꾸지 않기 위해 노력해야 한다.

나의 치유 여정은 이런 모습이었으면 좋겠다거나 특정 결과가 가장 도움이 될 것 같다는 생각에 집착하기 쉽다. 이는 본능이다. 좌뇌는 현재 상황을 돌아보고 논리적으로 추론한 내용을 바탕으로 결정을 내리는 타고난 기능이 있기 때문이다. 우리 몸이 애초에 이런 생각을 하도록 만들어졌기 때문에 자꾸만 자신의 논리로 치유 과정을 결정하려고 한다. 하지만 순전히 좌뇌에만 의존해서 치유 방향을 결정한다면 우뇌의 도움은 물론이고 몸적 지혜까지 놓치고 만다. 좌뇌가 할 일은 우뇌가 제시하는 직감적이고 몸적인 깨달음을 실행하는 것이다. 물론 직감적인 앎에 나 자신을 맡기고 우뇌가 이끄는 대로 따라가기가 망설여질 수 있다. 몸적 자아가 우리에게 주는 깨달음은 불확실하고 모호하게 느껴지기 때문이다. 그럴수록 몸적 지혜뿐 아니라 그 지혜를 담은 몸적 울림을 조율하는 능력을 믿어야 한다.

이 점을 마음에 새기되 내려놓기가 얼마나 어려운 일인지 잊지 마라. 자칫 치유의 방향과 결과를 통제하려고 애썼던 예전의 실수를 반복했을 때는 연민을 가지고 스스로를 대하라. 근육을 단련하려면 매일 운동하는 방법밖에 없듯이, 내려놓기 또한 매일 연습해야 좋아진다. 내려놓기를 목표로 정하고 매일매일 연습하자. 그러다 보면 변화가 특정한 모습이어야 한다는 강박을 차츰 버릴 수 있을 것이다. 또한 최선의 나로 향하는 길을 알려주는 몸적 지혜를 신뢰하게 될 것이다.

반드시 짚고 넘어가야 할 **치유 여정의 마지막 법칙, 인내하라.** 치유 여정에는 반드시 인내가 필요하다. 인내란 마음이 흔들리거나 녹초가 되어 지금까지의 노력을 포기하고 싶은 순간이 오더라도 계속 나아가는 능력이다. 변화의 과정에는 아름답고 밝고 영예로운 순간들이 찾아오지만, 반대로 어둡고 지루하고 혼란스러운 순간도 맞닥뜨린다. 치유 여정에 힘을 불어넣고 앞으로 나아가려면 솔직함과 용기를 발휘해야 하는데, 그러기 위해서는 계속해서 에너지를 써야 한다. 게다가 내려놓기 연습을 하다가 지칠 수도 있다. 주변 상황이 유난히 불안정하고 변동이 심할 때, 나도 모르게 익숙하고 예측 가능한 예전의 행동 패턴으로 돌아가려는 충동이 치솟을 수도 있다. 이 모든 의문과 충동을 이겨내고 앞으로 나아가려면 끊임없는 에너지와 인내가 필요하다.

인내의 본질은 끈기다. 끈기는 만성적인 공포와 걱정에서 벗어나기까지 필요한 시간을 받아들이는 능력이다. 완전하고 확실한 변화를 이루기까지 조급함을 달래고, 절망이 찾아오더라도 치유의 여정을 지속하려면 끈기가 꼭 필요하다. 그렇다고 치유 과정 동안 명백한 불안을 해소할 수 없다는 말은 아니다. 지금까지 만들어낸 변화를 통합하고 일상적인 행동 패턴으로 만드는 데까지는 시간이 필요하다는 이야기다. 분명한 것은 끈기와 인내를 갖춘다면 정서적 상처를 치유하고자 하는 노력이 결실을 맺는다는 사실이다.

치유의 길을 걷다 보면 당신의 지각이 모든 노력이 헛되니 포기하자고 속삭이는 순간이 있을 것이다. 하지만 치유의 핵심 법칙들을 새기고 변화의 중심에 있는 역동적 모순을 똑똑히 기억한다면 피로와 의심은 결과의 지표가 아닌 치유 과정에 겪는 증상일 뿐이라는 사실을 알게 된다. 우리는 자체로 **완벽하고 동시에 매 순간 완벽해지는 과정에 있다**는 사실을 기억하자. 지금 걷고 있는 곳이 옳은 길이다. 더 높이 날아오르기 위해 필요한 모든 것이 이미 우리 안에 있다. 이 진리를 기억하라. 지치고 힘이 들 때도 포기하지 않고, 오히려 스스로에게 애정과 연민을 느끼며 잠시 쉬어갈 수 있을 것이다.

참고문헌

Badenoch, B. 2018. *The Heart of Trauma: Healing the Embodied Brain in the Context of Relationships.* New York: W. W. Norton and Company.

Brown, S. 2009. *Play: How It Shapes the Brain, Opens the Imagination, and Invigorates the Soul.* New York: Penguin.

Damasio, A., H. Damasio, and D. Tranel. 2012. "Persistence of Feelings and Sentience After Bilateral Damage of the Insula." *Cerebral Cortex* 23(4): 833-846.

Dana, D. 2018. *The Polyvagal Theory in Therapy: Engaging the Rhythm of Regulation.* New York: W. W. Norton and Company.

Gendlin, E. T. 1978. *Focusing.* New York: Bantam Books.

Levine, P. 2005. *Healing Trauma: A Pioneering Program for Restoring the Wisdom of Your Body.* Boulder, CO. Sounds True.

Levine, P. 2010. *In an Unspoken Voice: How the Body Releases Trauma and Restores Goodness.* Berkeley, CA: North Atlantic Books.

Levine, P., R. Selvam, and L. A. Parker. 2003. "Somatic Experiencing: Coupling Dynamics." *Somatic Experiencing Training Module Two.* 다음에서 볼 수 있다. www.psyche-koerper.de/pdfs/artikel_coupling_dynamics.pdf

Namkung, H., S. H. Kim, and A. Sawa. 2017. "The Insula: An Underestimated Brain Area in Clinical Neuroscience, Psychiatry, and Neurology." *Trends in Neuroscience* 40(4): 200-207.

Ogden, P., and J. Fisher. 2015. *Sensorimotor Psychotherapy: Interventions for Trauma and Attachment*. New York: W. W. Norton and Company.

Payne, P., P. Levine, and M. Crane-Godreau. 2015. "Somatic Experiencing: Using Interoception and Proprioception as Core Elements of Trauma Therapy." *Frontiers in Psychology* 6:93: 1-18.

Porges, S. 1993. "The Infant's Sixth Sense: Awareness and Regulation of Bodily Processes." *Zero to Three: Bulletin of the National Center for Clinical Infant Programs* 14: 12-16.

Porges, S. 2011. *The Polyvagal Theory: Neurobiological Foundation of Emotions, Attachment, Communication, and Self-Regulation*. New York: W. W. Norton and Company.

Rothschild, B. 2000. *The Body Remembers: The Psychophysiology of Trauma and Trauma Treatment*. New York: W. W. Norton and Company.

Schwartz, A., and Maiberger, B. 2018. *EMDR Therapy and Somatic Psychology: Interventions to Enhance Embodiment in Trauma Treatment*. New York: W. W. Norton and Company.

Siegel, D. J. 2010. *Mindsight: The New Science of Personal Transformation*. New York: Bantam Books.

Siegel, D. J. 2013. *Brainstorm: The Power and Purpose of the Teenage Brain*. New York: Jeremy P. Tarcher/Penguin.

Wilkinson, M. 2010. *Changing Minds in Therapy: Emotion, Attachment, Trauma, and Neurobiology*. New York: W. W. Norton and Company.